한 권으로 끝내는 골프 규칙
Rules of Golf

코야마 콘(小山 混) 지음　류지현 옮김

혜지원

골프는 어떤 스포츠?

골프의 기원은 여러 설이 있습니다. 14세기 스코틀랜드가 발상지라는 이야기도 있는데 당시에도 매너와 룰을 중시하는 게임이었습니다. 그리고 심판이 없는 스포츠이기에 매 게임 세세하게 규칙이 정해져 있죠. 아래에 주요 특징을 정리해 봤습니다.

하나의 공을 계속 쳐 나간다

골프는 제1타에서 홀에 넣기까지 하나의 공을 사용해 플레이합니다. 같은 공을 계속 쳐나가는 것이 룰이므로 공을 잃어버리는 '분실구'나 잘못해서 다른 사람의 공을 치는 '오구'에는 페널티가 부과됩니다(→P58, 101, 106).

멈춰 있는 공을 친다

골프는 멈춰 있는 공을 치고 홀에 넣기까지 몇 번 적게 쳤는지를 겨루는 게임입니다. 다른 많은 구기 종목은 움직이는 공을 치므로 조금 특이한 스포츠라고도 할 수 있겠네요.

총 18 홀에 공을 넣는다

코스에는 18홀이 있고 이것을 4시간 정도 돌며 플레이합니다(라운드). 전반 1~9번 홀을 '아웃코스', 후반 10~18번 홀을 '인코스'라고 합니다. 각 홀에는 기준 타수가 정해져 있고 18홀에 총 72타가 기준 타수입니다.

타수는 본인이 세고 기록한다

4인 1조로 플레이합니다. 스타트 후에는 홀에서 먼 공의 사람부터 순서대로 쳐 나갑니다(원구선타遠球先打). 혼자서 치는 것을 다른 3명이 계속 보는 것도 아니고 심판도 없기에 타수를 본인이 세서 카드에 기록합니다. 즉, 심판은 자기 자신인 셈이죠.

거리와 목적에 맞는 클럽으로 친다

사용하는 도구 즉, 클럽은 드라이버, 아이언, 퍼터 등 총 14개입니다. 클럽에 따라 크기 및 페이스(볼이 닿는 면) 각도가 다릅니다. 처음엔 큰 클럽으로 긴 거리를 치고, 마지막 짧은 거리는 퍼터로 홀에 볼을 넣습니다.

곤란할 때 구제 룰이 있다

라운드 중에는 아래 일러스트와 같이 공이 모래에 파묻히거나 숲으로 들어가거나 낭떠러지로 떨어지는 등 여러 문제가 발생합니다. 이럴 때 '언플레이어블(플레이 불능)'이라는 룰이 있어서 1타 페널티를 받으면 원래의 장소로 돌아가 다시 칠 수 있습니다. 이러한 구제 룰이 있는 것도 골프만의 특징입니다(→P52-53).

골프의 세계로 오신 것을 환영합니다! 아름다운 그린의 잔디를 걸으며 친구들과 골프도 하고 대화도 즐길 수 있어요. 열심히 연습하면 굿샷의 기쁨을 즐길 수 있고 당신에게 풍성한 인생을 선사하는 스포츠의 시작이랍니다. 이 책은 초급자가 최소한 알아야 하는 142개의 룰을 엄선하여 일러스트와 함께 자상하게 해설하는 골프 규칙의 비법서입니다. 최신 골프 룰을 익혀 골프를 즐겨 봅시다! Let's enjoy golfing!

코야마 콘

규칙, 이런 점이 바뀌었다!

2023년 골프 규칙 개정의 주요 변경점

골프 규칙이 4년 만에 개정됐습니다. 골프 규정의 지각 변동을 가져왔던 2019년 규칙 개정의 버전 업으로 많은 변경이 있습니다. 2023년 개정의 주요 플레이 규칙 변경을 정리했으니 일러스트와 함께 본문 해설을 봐주세요.

여러 번 위반에 대한 페널티 적용

플레이어가 같은 또는 다른 규칙을 여러 번 위반한 경우, 페널티 중복을 피하고 '개재 행위: ① 스트로크의 완성, 또는 ② 위반을 인지했을 때' 이 2가지 개재 행위의 여부 및 그 내용에 따라 판단합니다. → P68,117

잘못된 핸디캡을 기입해도 페널티는 없다

플레이어는 스코어 카드에 핸디캡을 기입하지 않아도 괜찮습니다. 만일 잘못된 핸디캡을 기입해도 플레이어에 책임은 없고 페널티는 없습니다. 핸디캡은 위원회가 산출해서 정합니다. → P32~33,35

손상된 클럽을 교체할 수 있다

라운드 중에 손상된 클럽은 플레이어가 난폭하게 다룬 것이 아니라면 다른 클럽으로 교체 및 수리할 수 있습니다. 또한, 일러스트처럼 자기도 모르게 화가 나서 샤프트를 굽힌 클럽은 스타트 시 '적합 클럽'이라면 굽어진 채로 치거나 수리해서 사용해도 괜찮지만 교체는 할 수 없습니다.

2023

클럽 성능을 바꾸면 실격
라운드 중에 클럽 성능을 바꾸거나 외부 부속물을 붙이거나 할 수 없습니다. 클럽 페이스에 표시를 붙이거나 클럽 헤드에 방향을 나타내는 스티커 등을 붙이면 실격입니다. 플레이 전에 떼면 페널티는 없습니다. ➡ P20

볼 찾기는 3분간이며 플러스 1분
볼 찾기는 3분간이지만 3분 이내에 떨어진 곳에서 볼을 찾은 경우, 볼을 확인하러 가는 데에 플러스 1분이 허용됩니다. ➡ P58~60

플레이 선을 표시하기 위해 물건을 놓지 않는다
플레이 선(P141)을 표시하기 위해 물건을 놓는 것은 코스 전체 구역에서 금지됐습니다. 방향을 표시하기 위해 목표를 향해 클럽 및 물건을 놓으면 놓는 그 순간 위반이 발생해 2벌타를 받습니다.
➡ P119, 147, 150

잘못 바꾼 볼로 플레이
볼의 교체가 허용되지 않지만 교체한 볼로 플레이하면 2벌타➡1벌타로 경감됐습니다. 그린 위에서 주운 볼은 교환할 수 없습니다. ➡ P144

재플레이는 반드시 하기
재플레이 상황에서 재플레이를 하지 않은 경우에는 일반적인 페널티(2벌타➡P65)를 받습니다. ➡ P7, 156

자연의 힘으로 움직인 볼이 다른 구역 및 OB로 들어감

드롭 및 리플레이스하여 멈춘 볼이 자연의 힘으로 움직여 '다른 구역 및 OB'로 들어간 경우에는 무벌타로 할플레이스할 수 있게 됐습니다. 같은 구역에서 움직인 경우에는 그대로 플레이합니다. →P20

후방선 위의 구제 구역이 원 안이 됐다

언플레이어블 및 페널티 구역에서 후방선 위의 구제를 받는 경우, 홀과 공을 이은 후방선 위에 드롭하여 1클럽 길이의 원 안에서 볼이 멈추면 구제 완료가 됩니다.
→P96~99, 125~126, 128~130

벙커 모래에 깊이 들어간 볼

일반 구역에서 지면에 깊이 들어간 볼은 구제되지만 벙커의 흙벽 등 볼의 바로 뒤에 일반 구역이 없는 경우에도 홀에 가까이 가지 않는 가장 가까운 일반 구역에 기점을 정할 수 있게 됐습니다. →P118

주운 볼을 닦으면 1벌타

누군가의 플레이에 방해가 된다는 이유로 주운 볼은 닦을 수 없습니다. '깨끗이 닦으면' 1벌타를 받으므로 볼은 쥐지 않고 손가락으로 잡아서 놓습니다. →P68

바뀐 라이의 복원

바뀐 라이를 원래대로 돌려놓아야 하는 상황에서 이를 하지 않고 플레이하면 '일반 페널티'(P65)를 받습니다. →P123

2023

퍼팅한 볼이 벌레에 맞아도 그대로 플레이

그린 위에서 친 볼이 우연히 '벌레와 플레이어 본인'에 맞은 경우에는 그대로 플레이하는 것으로 바뀌었습니다. 다른 사람 및 누군가의 클럽, 동물에 맞으면 재플레이합니다. →P156

캐디가 뒤에 서는 구역의 제한

플레이어가 스트로크하기 전에 캐디가 뒤에 서는 '제한 구역'이 명확해졌습니다. 캐디가 뒤에 서 있어도 플레이어가 자세를 일단 풀고 캐디가 그 자리를 벗어나고 자세를 다시 잡으면 페널티는 없습니다. →P151

그린을 읽기 위한 자료 사용 제한

그린을 읽기 위한 자료란 플레이어가 그린의 경사 및 라인을 읽는 안내서인데 이것의 크기 및 배율, 디지털 데이터 사용에 제한이 생기고 명확해졌습니다. →P55

장애가 있는 골퍼 규칙 25개

장애가 있는 골퍼의 참가를 환영하기 위한 플레이 규칙 25개는 모든 경기에 적용되게 됐습니다.

● 이 책은 골프 규칙에 따른 스트로크 규칙을 해설한 것입니다.

2019년 규칙 재확인

2023년 개정은 2019년 골프 규칙의 대개정을 반영하면서도 한층 더 진화시킨 것입니다. 근간이 되는 규칙의 골자를 재확인해 둡시다.

● 드롭 방법이 무릎 높이부터로 바뀌었습니다. →P80~95

● 두 지점 간의 거리를 계측하는 거리측정기의 사용이 공식적으로 인정됐습니다. →P54

● 볼을 찾는 시간이 5분에서 3분간으로 단축됐습니다. →P58~60

● 볼 확인 및 수색 중 우연히 볼을 움직여도 페널티 없음. →P62~63, 113, 133

● OB의 하얀 말뚝을 움직일 수 없지만 움직여도 플레이 전에 돌려놓으면 페널티 없음. →P78

● 친 볼이 우연히 자기 또는 카트에 맞는 것에 대한 페널티가 사라졌습니다. →P72~74

● 두 번 치기 페널티가 사라졌습니다. →P100

● 벙커 안에서 낙엽 및 돌멩이를 치울 수 있게 됐습니다. →P110~111, 113

● 페널티 구역의 지면에 솔이 닿을 수 있게 됐습니다. / 낙엽을 털거나 수면에 접할 수 있게 됐습니다. →P134~135

● 그린 위의 스파이크 자국 및 요철을 플레이하기 전에 손볼 수 있습니다. / 볼을 우연히 움직여도 페널티 없음. →P140~143

● 깃대를 세운 채로 퍼팅할 수 있습니다. →P152~153 / 볼이 깃대에 닿아도 페널티 없음. →P156

● 캐디는 언제든 공을 주워도 OK. →P145 / 스탠스를 취하는 데 도움을 주는 것에 제한이 생겼습니다. →P151

● 지면에 박힌 공의 구제가 러프에서도 가능하게 됐습니다. →P98~99, 118

● OB 및 분실구일 때 2벌타로 페어웨이에서 플레이할 수 있는 '전진 4타' 로컬룰이 허용되게 됐습니다. →P58~60, 74, 106

CONTENTS

NEW 2023년 개정 관련 규칙
NEW 2019년 개정 규칙
Rule Check The Rule 칼럼

골프는 어떤 스포츠? ···································· 2
NEW 2023년 개정·규칙 여기가 바뀌었다! ···························· 4
2019년 규칙 재확인 ································· 8
코스 구역 명칭 ···································· 16
골프 코스 명칭 ···································· 18
NEW 규칙 사건 수첩 ···································· 20

PART 1 에티켓 ················ 21

코스 에티켓 & 매너10 ································· 22
셀프 플레이의 카트 매너 ····························· 26
골프 시합에 나갈 때의 마음가짐10 ···················· 28
① 타수를 적게 신고 ······························ 32
NEW ② 서명하지 않고 제출 ··························· 33
NEW ③ 잘못 계산하여 1타 적게 합계 스코어를 제출 ········· 33
Rule 스코어 카드의 기록과 확인과 제출 ················ 33
NEW 스코어 카드 기록법 ···························· 34
Rule 타수별 호칭 ································ 35
플레이어의 마음가짐 ····························· 36

PART 2 티잉 구역 ············ 37

④ 티샷을 깜빡하고 티잉 구역 밖에서 쳤다 ············· 38
NEW ⑤ 타순을 잘못해서 친 볼이 OB가 됐다 ··············· 39
⑥ 플레이 전 동료에게 사용할 클럽 번호를 물었다 ······ 40
NEW ⑦ 동료에게 연못 및 OB 장소를 물었다 ··············· 41

CONTENTS

⑧ 티업한 볼의 뒤를 밟았다 ··· 42
⑨ 왜글을 하다가 볼이 떨어졌다 ······································ 43
`NEW` ⑩ 티샷에서 빈스윙! 볼이 흔들려 티에서 떨어졌다 ········ 44
`NEW` ⑪ 빈스윙을 하다가 떨어진 볼을 다시 티업해서 쳤다 ···· 45
⑫ 도중에 스윙을 멈췄다 ·· 46
`Rule` 스트로크가 뭐야? ··· 46
⑬ 타인의 클럽을 착각하고 사용했다 ······························· 47
`NEW` ⑭ 볼이 OB 경계선 위에 있다 ······································· 48
⑮ OB의 흰 선 정중앙에 볼이 멈췄다 ······························ 49
`Rule` 라인의 경계에 있는 볼은 OB만 세이프! ················ 49
⑯ 티샷이 OB 앞쪽으로 날아가면 잠정구 선언! ··············· 50
⑰ '잠정구 치겠습니다'라고 말 안 하고 치면 어떻게 되나? ···· 51
`Rule` 잠정구는 여러 번 쳐도 되나? ······························ 51
⑱ 티샷이 낭떠러지 아래로! 세이프지만 언플레이어블로 다시 치고 싶다 ··· 52
`NEW` `Rule` 언플레이어블 선언 ··· 53
`Rule` '스트로크와 거리의 페널티' 구제 ························ 53
`NEW` ⑲ 거리측정기로 고저(高低) 차를 봤다 ························· 54
`NEW` ⑳ BGM을 들으며 플레이했다 ······································ 55
`NEW` ㉑ 스마트폰으로 플레이 선을 본 다음 퍼팅했다 ··········· 55
㉒ 볼을 다 써 동료에게 빌렸다 ······································ 56
㉓ 핫팩으로 손을 녹이며 플레이했는데 주머니에 볼이! ···· 56

PART ③ 일반 구역 ························· 57

`NEW` ㉔ 볼이 안 보인다, 어떡하지! ······································· 58
`NEW` ㉕ 볼이 OB가 되면 어떡하지? ····································· 59
`NEW` ㉖ 찾았던 볼이 발견됐는데 3분 이상 지났다 ················ 60
㉗ 자신의 볼인지 확인하기 위해 풀을 좌우로 헤쳤다 ····· 61
`Rule` 자기 볼에 이름을 써 두자 ··································· 61
`NEW` ㉘ 러프에서 자신의 볼을 수색하다가 자기도 모르게 치고 말았다 ··········· 62
`NEW` ㉙ 러프에서 동료의 볼을 내 캐디가 우연히 찼다 ·········· 63

㉚ 찾고 있던 볼을 밟아 러프에 들어갔다 …… 63
㉛ 볼 뒤에 클럽을 맞춰 봤더니 볼이 흔들렸다 …… 64
Rule 볼이 움직이다, 움직여지다 …… 64
㉜ 솔을 했더니 볼이 움직였다 …… 65
Rule '일반 페널티'란 …… 65
㉝ 경사면에서 움직이기 시작한 볼을 클럽으로 멈췄다 …… 66
㉞ 작은 나뭇가지를 제거했더니 볼이 움직였다 …… 67
㉟ 연필을 빼니 볼이 움직였다 …… 67
NEW ㊱ 지저분한 자기 볼을 맘대로 주워서 닦았다 …… 68
NEW Rule 동시에 2개 이상의 위반을 했을 때 …… 68
NEW ㊲ 지저분한 볼이 자기 것인지 확인하고 싶다 …… 69
㊳ 볼을 돌려 확인했다 …… 69
㊴ 리플레이스 해야 하는 볼을 드롭하고 플레이했다 …… 70
Rule 마크 / 리플레이스/ 플레이스 각각의 의미 …… 71
NEW ㊵ 나무에 맞은 볼이 튀어서 자신에게 맞았다 …… 72
㊶ 친 볼에 동료가 맞았다 …… 73
㊷ 친 볼이 카트에 맞다 …… 73
NEW ㊸ 친 볼이 작업차에 맞아서 OB? …… 74
NEW Rule 외부의 영향 …… 74
㊹ 친 볼이 동료 볼에 맞아 벙커로 …… 75
㊺ 2명이 동시에 친 볼이 맞았다 …… 75
㊻ 볼에 달라붙은 풀들을 제거했다 …… 76
㊼ 리플레이스하기 전에 볼의 밑에 있던 가랑잎을 제거했다 …… 76
Rule 루스 임페디먼트 …… 77
NEW ㊽ OB의 흰 말뚝이 방해되어 뺐다 …… 78
NEW Rule 말뚝의 색 의미를 알면 조치는 간단! …… 79
NEW ㊾ 카트 도로에 볼이 멈췄다. 어쩌면 좋지? …… 80
Rule 완전한 구제의 니어리스트 포인트를 찾는 바른 방법 …… 81
㊿ 입목의 버팀목에 볼이 멈췄다 …… 82
(51) 볼은 나무뿌리에서는 칠 수 없고 나무 버팀목에서는 상황에 따라 가능하다 …… 83
(52) 배수구에 볼이 들어갔다 …… 84
Rule 장해물 …… 85

CONTENTS

- NEW ㉝ 경사면에서 드롭한 볼이 두 번 드롭해도 멈추지 않는다 …………… 86
- NEW ㉞ 드롭한 볼이 구역 바깥에 멈췄다 ………………………………………… 87
- NEW ㉟ 드롭했더니 발에 맞았다 …………………………………………………… 88
- NEW ㊱ 마크하지 않고 볼을 주워 드롭했다 …………………………………… 89
- NEW **Rule** 올바른 드롭 방법 …………………………………………………………… 90
- **Rule** 올바른 리플레이스 방법 …………………………………………………… 91
- ㊲ 볼이 페어웨이의 물웅덩이 안에 멈췄을 때 …………………………… 92
- ㊳ 질척거리는 곳에 볼이 빠져서 구제의 드롭을 했다 ………………… 92
- ㊴ 수리지의 하얀 선 위에 볼이 멈췄다 ……………………………………… 93
- ㊵ 공이 두더지 구멍 가까이 멈췄다 …………………………………………… 93
- **Rule** 비정상적인 코스 상태 ………………………………………………………… 94
- NEW ㊶ 나무 밑에 멈춰서 칠 수 없다 ……………………………………………… 96
- NEW **Rule** 언플레이어블의 3가지 선택지 ……………………………………………… 97
- ㊷ 볼은 나무뿌리에 있는데 스탠스가 카트 도로에 걸린다 …………… 98
- ㊸ 볼을 위에서부터 내리쳤더니 연약한 지면이 깊이 들어갔다 …… 98
- NEW **Rule** 언플레이어블을 잘 사용하는 법 …………………………………………… 99
- NEW ㊹ 두 번 치기는 어떤 페널티? ………………………………………………… 100
- ㊺ OB 볼을 쳤다 …………………………………………………………………… 101
- **Rule** 오구 ………………………………………………………………………………… 101
- ㊻ 치기 전에 볼 바로 뒤의 잔디를 밟았다 ………………………………… 102
- ㊼ 연습 스윙으로 나뭇잎을 떨어뜨렸다 ……………………………………… 103
- ㊽ 연습 스윙으로 나뭇가지를 부러뜨렸다 …………………………………… 103
- ㊾ OB 측에 있는 나뭇가지가 방해되어 부러뜨리고 플레이했다 …… 104
- NEW ㊿ 뒤로 물러나 스탠스를 취했더니 작은 가지가 부러졌다 …………… 104
- ㉛ 나무 위의 볼이 회수하기 어렵다 …………………………………………… 105
- NEW ㉜ 누구 볼인지 모르면 분실구 ………………………………………………… 106
- ㉝ 분실구 선언을 한 뒤 3분 이내 볼이 발견됐다 ……………………… 107
- ㉞ 티잉 구역에서 볼을 치고 연습했다 ……………………………………… 108
- ㉟ 홀 도중에 솔방울을 쳤다 ……………………………………………………… 108

PART 4 벙커 ----- 109

- NEW ⑦⑥ 벙커 내의 솔방울을 제거했다 ····· 110
- NEW ⑦⑦ 나뭇잎을 털어 냈더니 볼이 움직였다 ····· 111
  - Rule 벙커 안의 볼 ····· 111
- NEW ⑦⑧ 자기 볼인지 확인하기 위해 볼을 주웠다 ····· 112
- NEW ⑦⑨ 볼을 찾다가 나뭇잎 사이의 볼을 움직였다 ····· 113
- ⑧⓪ 볼이 모래에 파묻혀 보이지 않아 모래를 팠다 ····· 113
- NEW ⑧① 칠 때 볼 바로 뒤에 클럽을 솔했다 ····· 114
- ⑧② 벙커 스윙할 때 뒤쪽 모래에 닿았다 ····· 115
- ⑧③ 연습 스윙으로 낙엽에 닿았다 ····· 115
- ⑧④ 벙커 샷을 하기 전 모래에 발을 깊이 박았다 ····· 116
- ⑧⑤ 발로 경사면을 무너뜨리며 스탠스를 취했다 ····· 116
- NEW ⑧⑥ 치기 전 빈스윙으로 클럽이 모래에 2~3회 닿았다 ····· 117
- ⑧⑦ 벙커에서 스탠스를 취할 때 볼이 움직였다 ····· 118
- NEW ⑧⑧ 벙커의 턱을 직격하여 볼이 흙벽에 파묻혔다 ····· 118
- NEW ⑧⑨ 클럽을 핀 방향으로 향하게 놓고 쳤다 ····· 119
- ⑨⓪ 사용하지 않는 클럽을 모래 위에 뒀다 ····· 119
- ⑨① 볼이 벙커에 있을 때, 벙커를 고르게 했다 ····· 120
- NEW ⑨② 벙커 샷이 OB, 드롭 전에 벙커를 고르게 했다 ····· 121
- ⑨③ 벙커 안의 고무래(레이크)에 볼이 붙어 멈췄다 ····· 122
- ⑨④ 벙커 바깥의 고무래(레이크)를 치웠더니 볼이 벙커로 떨어졌다 ····· 122
- NEW ⑨⑤ 동료의 벙커샷으로 볼이 모래를 뒤집어썼다 ····· 123
- ⑨⑥ 벙커샷으로 삐져나온 칼라의 모래를 털었다 ····· 123
- NEW NEW ⑨⑦ 벙커의 턱 때문에 칠 수 없다 ····· 124
- NEW ⑨⑧ 볼이 벙커 안의 물웅덩이에 들어갔다 ····· 126

PART 5 페널티 구역 ----- 127

- NEW ⑨⑨ 노란 말뚝의 연못에 볼이 빠지면? ····· 128
- NEW ⑩⓪ 빨간 말뚝의 강에 볼이 들어가면? ····· 129

CONTENTS

- **NEW** ⑩ 연못을 넘는 홀에서 연못은 넘었지만 되돌아간 볼이 연못에 빠졌다 ········ 130
- **NEW** ⑩ 빨간 말뚝이 있는 연못에 볼이 빠졌다 ·· 131
- ⑩ 연못에 들어간 볼을 확인하기 위해 주웠다 ···································· 132
  - **Rule** 페널티 구역의 볼 ·· 132
- ⑩ 볼 확인을 하며 붙어 있는 나뭇잎을 제거했다 ······························ 133
  - **Rule** 페널티 구역의 3NG ··· 133
- **NEW** ⑩ 플레이하기 전에 볼 주변 가랑잎을 털어 냈다 ···························· 134
- **NEW** ⑩ 수변 볼을 칠 때 클럽을 물에 담갔다 ··· 135
- **NEW** ⑩ 노란 말뚝 안에서 쳤더니 연못에 퐁당! ······································· 136

PART 6 퍼팅 그린 ························· 137

- ⑩ 그린과 칼라의 경계에 있는 볼을 마크하고 주웠다 ···················· 138
  - **Rule** 그린 위의 볼 ·· 138
- ⑩ 그린 위에서 마크하지 않고 볼을 주웠다 ···································· 139
- **NEW** ⑩ 주운 자갈로 마크했다 ··· 139
- **NEW** ⑪ 볼이 낙하했을 때 생긴 볼 마크를 손보다 ································ 140
- **NEW** ⑫ 플레이 선 위의 스파이크 마크를 손보다 ································ 141
  - **Rule** 플레이 선 ··· 141
- **NEW** ⑬ 마크할 때 마커로 볼을 튕기고 말았다 ······································ 142
- **NEW** ⑭ 솔잎을 제거할 때 무심코 볼을 움직였다 ································ 143
- ⑮ 하나 튀어나와 있는 긴 풀을 잡아 뜯었다 ································ 143
- **NEW** ⑯ 퍼터 끝으로 마크했다 ·· 144
- **NEW** ⑰ 마크하고 주웠지만 다른 볼을 리플레이스하고 플레이 ···················· 144
- **NEW** ⑱ 자신이 주운 볼을 캐디가 닦아서 리플레이스 ···························· 145
- ⑲ 라인을 읽을 때 그린 위에 손바닥을 댔다 ································ 146
- ⑳ 볼에 묻은 흙을 그린 면으로 털어 냈다 ···································· 146
- **NEW** ㉑ 라인을 읽을 때 그린에 퍼터를 뒀다 ··· 147
- ㉒ 프린지의 스프링클러가 방해 ·· 147
- ㉓ 멈춰 있는 볼이 움직였다 ··· 148
- ㉔ 마크하고 볼을 줍기 전에 바람으로 볼이 움직였다 ················ 148

| NEW | ⑫⑤ 리플레이스하고 나서 볼이 움직였다 ·· 149
| NEW | ⑫⑥ 캐디에게 라인을 물었다 ··· 150
| NEW | ⑫⑦ 캐디가 뒤에 서서 라인을 읽어 줬다 ····································· 151
　　　⑫⑧ 캐디가 우산을 씌워 준 채로 쳤다 ·· 151
| NEW | ⑫⑨ 깃대를 꽂은 채로 퍼팅했더니 볼이 깃대에 맞았다 ············· 152
| NEW | ⑬⓪ 깃대를 꽂은 채 퍼팅했는데 갑자기 뽑았다 ························· 153
　　　⑬① 핀에 가까이 간 볼을 주웠다 ·· 153
　　　⑬② 마커를 원래대로 돌려놓지 않고 퍼팅했다 ·························· 154
　　　⑬③ 동료의 마커에서 퍼팅했다 ·· 154
| NEW | ⑬④ 볼 마커를 남긴 채 퍼팅했다 ·· 155
| NEW | ⑬⑤ 퍼팅이 클럽에 맞았다 ·· 156
　　　⑬⑥ 퍼트한 볼이 동료 볼에 맞았다 ·· 156
　　　⑬⑦ 퍼팅할 때 깃대에 손을 댔다 ·· 157
　　　⑬⑧ 긁어당기는 퍼팅으로 홀아웃했다 ·· 157
　　　⑬⑨ 그린 위에 물웅덩이. 플레이 선 위에 있으니까 구제가 있으려나? ········· 158
　　　⑭⓪ 서브 그린의 볼을 퍼터로 플레이 ·· 159
　　　⑭① 볼이 서브 그린에 올라가면? ··· 159
　　　⑭② 홀아웃한 뒤에 오구인 것을 알게 됐다 ·································· 160
　　　Rule 이전 타구 지점에서 플레이하는 방법 ······························· 161

알기 쉬운 골프 용어 해설 ··· 162

코스 구역 명칭

코스 구역 명칭 Areas of the Course

골프 코스는 플레이가 허용된 5개의 구역으로 구성된다. ① 일반 구역(과거 '스루 더 그린'), ② 티잉 구역(과거 '티잉 그라운드'), ③ 벙커, ④ 페널티 구역(과거 '워터 해저드'), ⑤ 페널티 그린. 그리고 코스 경계 그린의 바깥 측은 아웃오브 바운즈로 코스 밖이 된다.

본서의 골프 룰은 R&A와 USGA가 공동으로 제정한 골프 규칙을 바탕으로 해설했습니다.

일반 구역
General Area

②~⑤를 제외한 모든 구역. 즉, 페어웨이, 러프, 도로, 나무 등. 티잉 구역에서도 지정 구역 외와 목적 외 그린을 포함한다. →P57

페널티 구역 Penalty Areas

연못, 강, 바다 등 물가 및 사막, 정글, 용암지, 절벽 및 덤불 등의 구역이 포함된다. 페널티 구역은 빨강 및 노랑 말뚝 및 선으로 표시된다. →P127

일반 구역

피난소

카트 도로

노란 페널티 구역

페어웨이

티잉 구역

티잉 구역 Teeing Area

플레이어가 볼을 스타트할 때 최초 플레이하는 구역. 전방 2개의 티마크와 후방 2클럽 길이로 둘러싸인 직사각형의 구역. →P37

골프 코스 명칭

리키 파울러, 플레이스 한 볼이 연못에 빠져 분실구

New Rule

2019년 2월, 피닉스 오픈 마지막 날, 리키 파울러는 선두를 달리고 있었는데 11번 홀(Par 4)에서 일이 발생하고 만다. 3타째 어프로치가 핀을 넘어 굴러서 안쪽 연못으로 간 것이다. 1벌타로 구제를 받고 경사면에 2회 드롭했지만 볼이 멈추지 않아 플레이스했다. 그런데 다음 타를 위해 그린 면을 확인하는 사이…… 볼이 움직이기 시작했고 떼구루루 굴러서 연못에 빠졌다. 새롭게 분실구 1벌타가 추가되어 트리플 보기!
이 불운한 사건이 룰을 움직여 2023년에 개정됐다. '자연의 힘으로 움직인 볼이 다른 구역이나 OB로 들어가면 무벌타로 리플레이스' 할 수 있게 됐다.

마쓰야마 히데키, 페이스에 하얀 선을 그려 실격

New Rule

2022년 6월, PGA 메모리얼 토너먼트 첫날…… 마쓰야마의 3번 우드는 검은 페이스 표면의 홈(스코어 라인)이 잘 안 보였다. 그래서 '화이트 수정펜'으로 홈을 따라 그리니 하얗게 잘 보이고 샷도 좋아졌지만 '페이스 면의 홈에서 하얀 선이 튀어나와 있다'고 SNS에 게시물이 업로드됐다. '성능을 의도적으로 바꾼 클럽으로 스트로크를 해서는 안 된다'는 것의 위반으로 라운드 중 10번 티에서 실격됐다.
하얀 펜 등으로 홈에 색을 칠할 경우, 튀어나온 주변 부분을 닦거나 하여 흰색이 홈 안으로만 오도록 하면 가능하다. 이 마킹 사건이 2023년 개정에 반영됐다.

●시합 중에 선수가 마주치는 예기치 못한 사건이 룰 개정에 반영되고 있습니다.

에티켓
ETIQUETTE

- 골프는 언제든 성실히
- 스루 플레이는 옐로카드!
- 인사와 '감사'로 하루를 즐겁게

ETIQUETTE

> 다른 플레이어에 대한 배려

코스 에티켓 & 매너 10

골프는 룰 이전에 에티켓이 중요한 스포츠입니다. 플레이할 때는 다른 플레이어 및 코스에 대한 배려가 중요하죠. 쾌적하게 골프를 즐기는 데 필요한 코스 에티켓으로 출발합시다.

배려 1
플레이에 맞는 복장을!

스포츠에서 심판이 없는 게임은 골프밖에 없을지도 모릅니다. 그 대신, 모두가 같은 환경에서 즐기기 위한 매너 및 룰이 있습니다. 복장도 그중 하나죠. 골프 코스는 사교장입니다. 청바지나 티셔츠는 비매너! 남성은 폴로 셔츠 등 옷깃이 있는 셔츠, 여성도 옷깃이 있고 소매가 있는 복장으로 청결한 옷매무새가 될 수 있게 신경 씁니다.

배려 2
지각은 심각한 에티켓 위반+골퍼 실격

스타트 시간에 늦는 것은 아침부터 동료들에게 폐를 끼치는 것입니다. 스타트 1시간 전에는 코스에 도착해 있어야 합니다. 가볍게 조식을 먹거나 커피 등을 마시며 여유를 가집시다. 퍼터 연습 등을 끝내고 볼이나 소지품을 챙긴 다음, 5분 전에 스타트 지점에 대기합시다.

배려 3
다른 사람이 칠 때는 조용히

본인이 티샷할 때는 누구에게도 방해받지 않고 조용히 치고 싶죠. 티잉 구역은 이제 스트로크하려는 플레이어 한 명의 것입니다. 자기 차례가 아닌데 티잉 구역에 올라가거나 치는 사람 뒤에 서면 안 됩니다. 옆에서 연습 스윙을 하거나 움직이거나 말을 하는 것도 에티켓 위반입니다.

배려 4
힘껏 날려 치기 위험! 전방의 안전 확인하기

갑자기 가까이 슉하고 공이 떨어지면 놀라죠. 힘껏 치는 것은 매우 위험합니다. 반드시 앞 팀이 자신의 비거리보다 앞으로 간 것을 확인한 다음 칩시다. 그런에 깃대가 있어도 아직 플레이 중일 수 있습니다. 사람이 있는 방향으로 볼이 날아갔을 때는 즉시 모두가 큰 소리로 'Fore(포어)!'라고 외쳐 위험을 알립시다.

● 플레이 속도와 패스……플레이어는 빠른 속도로 플레이해야 합니다. 즉, 앞 팀보다 너무 뒤처지지 않게 따라가야 하죠. 만약 앞 팀과 1홀 이상 간격이 벌어졌을 때, 뒤 팀을 기다리게 할 것 같다면 뒤 팀이 먼저 가도록 얘기합시다.

ETIQUETTE

배려 5
플레이 퍼스트와 레디 골프

슬로우 플레이는 금지입니다. 하지만 조급히 서둘러 플레이할 수는 없죠. 볼 앞에 서면('스탠스를 취하다'라고 합니다) 여유를 갖고 40초 이내에 스트로크합시다. 또한 동료들의 합의가 있고 전방의 안전이 확인됐을 때는 다른 순서로 플레이하는 것(레디 골프)를 하는 것도 가능합니다.

배려 6
디봇은 원래 위치로 가져다 두고 모래로 메꿔 주기

떨어져 나간 풀(디봇)은 반드시 본래의 위치에 가져다 두고 슈즈로 밟아 줍니다. 디봇이 뿔뿔이 흩어져 돌려놓지 못할 때는 모래를 뿌리는 것이 에티켓입니다. 모래주머니는 카트에 준비되어 있으니 사전에 확인해 봅시다. 보충용 모래는 티잉 구역 옆에 놓여 있는 곳이 있어요.

배려 7
벙커는 코스와 평행이 되게 고르게 한다

벙커 샷 후에 레이크(갈퀴)로 모래를 고르게 할 때는 가능한 홀을 향하는 라인과 평행하게 해둡니다. 그럼 같은 벙커에 들어간 사람에게 좋지 않은 영향은 가지 않죠. 고르게 한 뒤 레이크는 다음 사람이 바로 사용할 수 있도록 벙커 밖 가까운 곳에 둡시다.

● 빠른 플레이……플레이어는 항상 자기 플레이를 준비하고 다음 지점으로 빠르게 이동합니다. 칠 준비가 되면 40초 이내에 스트로크하는 것이 권장됩니다.

배려 8
그린 위 상처는 수리해 두자

볼이 그린에 떨어졌을 때 생기는 파인 부분(볼 마크나 낡은 홀을 메운 자국) 이외에도 신발을 끌어 생긴 자국인 스파이크 마크도 플레이 전에 수리할 수 있게 됐습니다. 볼 마크는 그린 포크로 바깥쪽에서 안쪽으로 가도록 수정하고 스파이크 자국은 퍼터의 솔로 잔디를 평평하게 합시다.

배려 9
그린 읽기는 빠르게

그린 위에서 볼까지의 거리를 측정하거나 자기 라인을 읽거나 하는 초기 동작은 마크할 때 세팅하도록 합시다. 4명이 차례로 TV에서 보는 프로처럼 하나하나 보폭으로 측정하고 라인을 읽고 한다면 시간이 충분했어도 부족해집니다. 다른 사람이 친 라인도 잘 보며 참고합시다.

배려 10
홀 아웃 후에는 그린에서 재빠르게 나오기

깃대를 세운 채로 플레이하는 것이 허용되었기에 모두의 볼이 그린에 올라가면 '깃대는 그대로 둘지 뺄지' 동료들과 확인합시다. 처음에 퍼터를 종료(홀 아웃)한 사람이 깃대를 잡고 전원이 끝나면 홀에 다시 꼽고 재빠르게 그린에서 나옵시다. 스코어는 그린에서 나온 다음 기입합시다.

배려할 수 있는 여유……골프를 즐기려고 코스에 오는 것은 모두 마찬가지입니다. 다른 플레이어의 즐거운 시간을 뺏지 않도록('시간 도둑'이 되지 않도록) 주의합시다.

ETIQUETTE

CART MANNERS — 셀프 플레이의 카트 매너

　지금 많은 골프장에서 카트가 사용되고 있습니다. 캐주얼한 셀프 플레이도 늘어 카트를 직접 운전하는 기회도 많으니 카트 매너의 기본을 공부해 봅시다.

자기 볼에만 집중하느라 카트 방치하지 않기

볼을 치는 것에 집중하느라 여유가 없게 되면 자기도 모르게 카트의 존재를 잊어버리기 쉽습니다. 나중에 가지러 되돌아가면 너무 힘드니 다 같이 주의합시다.

카트 사고에 주의!

골프장에서 카트 속력을 너무 내서 카트가 균형을 잃고 전복되는 사고가 일어나곤 합니다. 숲속 커브를 돌 때 팔 및 머리를 나무에 부딪혀 큰 부상을 당하는 일도 있지요. 또한 부주의로 다른 사람과 접촉하여 상해를 입히는 경우가 없도록 안전 운전으로 즐거운 골프를 합시다!

카트는 가장 느린 플레이어에 맞춰 움직입니다

카트는 나이스 샷을 한 사람이 모두의 플레이를 보면서 운전하기

페어웨이의 가장 먼 곳으로 날아간 사람(상급자)이 운전하는 것이 좋습니다. 그 사람이 다음 타에서 미스했을 때는 다음으로 가장 홀에 가까운 사람이 교체하여 운전합니다.

그린에 올라가면, 카트는 다음 홀 쪽으로 정차선에 멈춰 두기

모두가 어프로치를 시작하면 다음 홀로 정차선까지 카트를 움직입니다. 운전하는 플레이어는 모두의 볼을 닦는 타월과 모두의 퍼터를 가져갑시다.

ETIQUETTE

비기너의 코스 데뷔

골프 시합에 나갈 때의 마음가짐 10

골프 시합(경기 대회)에 참가할 때의 마음가짐은 베테랑이든 비기너든 같습니다. 이번 시간에는 처음으로 골프 시합에 참가할 때 비기너의 체크 포인트를 소개합니다.

❶ 골프장에 도착하면

시작 1시간 전에 골프장에 도착해서 우선 프런트 데스크에 갑니다. 회원용과 비회원용 이렇게 2종류의 이름 적는 곳이 있으니 비회원에 주소, 이름, 소개자 또는 골프 시합 이름을 기입하고 여기서 스코어 카드 홀더와 로커 키를 받습니다. 이 스코어 카드 홀더

의 번호가 로커 번호로 식사를 하거나 물건을 구매했을 때 전표 번호가 되기도 합니다. 도난 방지를 위한 암호식 귀중품 금고나 로커도 있는데 사용 방법이 적혀 있으니 걱정할 필요는 없습니다. 귀중품 및 현금은 반드시 프런트 또는 귀중품 금고에 맡깁시다.

에티켓 PART1

❷ 환복, 자외선 차단, 스트레칭, 조식, 연습

로커 룸에서 옷을 갈아입으면 골프화를 신고 자외선 차단을 철저히 합시다. UV 컷, 땀과 수분을 잘 흡수하고 빠르게 건조하는 기능성 웨어가 트렌드입니다. 그리고 여기서 스트레칭을 충분히 합시다. 조식을 안 먹었다면 가볍게 식사를 하고 시간이 있으면 연습장에 갑시다.

❸ 그린 위에서 연습하기

연습 볼은 약 20개 정도만 칩니다. 처음에 작은 피칭 등의 스윙부터 시작하고 점차 큰 스윙으로 몸을 풉니다. 퍼터 연습은 반드시 합시다. 우드와 아이언은 근처 연습장에서 연습할 수 있지만 진짜 그린에서 퍼터 연습을 할 수 있는 건 이곳뿐입니다. 퍼터는 장갑을 벗고 맨손으로 칩니다. 방향이나 강도를 시험해 보고 그린 스피드를 체감해 두는 것이 중요합니다.

❹ 골프 시합 조건을 확인하자

당일의 골프 시합 조건을 확인합니다. '경기에 참여하는 플레이어는 경기에 관한 조건을 알고 플레이할 책임이 있다'는 것입니다. 1라운드인지 1.5라운드인지, 노터치인지 6인치 플레이스(→P68 하단)인지, 또는 팀 조합이나 동료는 어떻게 되는지, 스타트(티오프)는 아웃부터 인인지, 이러한 조건을 반드시 확인합시다.

ETIQUETTE

❺ 스타트 5분 전에 집합

스타트 5분 전에 스타트 홀에 갑니다. 이미 다른 동료 및 캐디 백이 카트에 실려 도착해 있다면 모두에게 '오늘 하루 잘 부탁드립니다'라고 인사합니다. 그리고 캐디분에게 비기너라는 점을 알리고 '여러모로 알려 주세요'라고 부탁해 놓으면 조언을 해 줄 것입니다. 이때 클럽 개수(14개 이내)를 확인합니다.

❻ 스타트 전에 소지품 체크

볼이나 티는 캐디백에 있을 것입니다. 예비용 볼이나 필요한 것들은 포켓과 파우치에 넣어서 다닙니다. 플레이어에게는 올바른 볼을 플레이할 책임이 있고 언제든 자신의 볼임을 알 수 있도록 볼에는 매직으로 이니셜 및 자신만의 표시를 해 둡시다.

❼ 항상 클럽을 2~3개 갖고 가기

처음 몇 홀은 긴장해서 제대로 볼이 안 맞을 수 있습니다. 하지만 점차 익숙해지면 조금씩 맞게 됩니다. 사용 클럽을 하나하나 캐디에게 가져오게 할 수 없기에 2~3개 사용할 것 같은 클럽을 갖고 발 빠르게 볼이 있는 곳으로 갑니다. '천천히 치고, 빠르게 이동하기'. 이것은 상급자도 마찬가지입니다.

- 플레이어는 골퍼의 마음가짐을 존중하며 다른 플레이어를 배려하고 코스를 소중히 여겨야 합니다. 에티켓 위반을 한 선수에 대해서는 1~2벌타, 실격 등의 벌칙을 부과할 권한이 위원회에 있습니다.

❽ 진짜 룰과 올바른 대처

볼을 찾아도 보이지 않을 때는 3분 안에 포기하고 다른 볼로 플레이합니다. 골프 시합에서는 동료에게 물어도 되는 것과 물어서는 안 되는 것이 있습니다. 모르는 것은 캐디에게 물읍시다. 골프 룰은 실제로 경험해 봐야지 비로소 생각할 수 있습니다. 자신이 경험한 트러블은 나중에 규정집을 보고 올바른 대처를 확인합시다.

❾ 스코어 기록 서명과 제출

1홀마다 스코어 카드에 자신(과 동료)의 스코어를 기입합니다. 플레이 종료 후에 각 홀의 스코어를 확인하고 페널티 및 스코어 의문점은 동료(마커)나 경기 위원에게 확인한 다음 마커 사인을 받습니다. 마지막으로 자신도 사인하고 관계자(위원회)에게 제출합니다(→P32~35).

❿ 골프를 즐기자

구제에 의존해 플레이하는 것은 편하긴 하지만 골프가 즐겁지 않을 수 있습니다. 어려운 어프로치를 연습하고 잘 쳤을 때의 기쁨과 만족감이야말로 '골프의 짜릿함'이죠. 룰도 마찬가지로 귀찮아하지 말고 제대로 공부해 두면 득을 보는 일이 많습니다. 차원이 다른 골프를 즐길 수 있을 것입니다.

ETIQUETTE

라운드 후의 체크 포인트

클럽 경기 시합 및 월례회 등의 공식 경기에서 주의해야 할 라운드 후의 스코어 카드 제출 주의점입니다. 실격되지 않도록 꼼꼼히 체크합시다!

 **타수를 적게 신고**

라운드 후 마커 서명을 받고 스코어 카드를 제출했는데 그 후 어떤 홀의 스코어에 벌타를 더하지 않은 것을 깨달았다.

 플레이어는 스코어 카드 기입에 책임이 있습니다. 실제 스코어보다 적게 신고했을 때는 실격이 됩니다. 실제보다 많이 신고한 경우는 신고한 대로 확정입니다.

다만, 예외로 플레이어가 '위반이 있었던 것을 몰라서 그 벌타를 포함하지 못했다' 하여 스코어 카드를 제출한 뒤 경기 종료 전 다른 벌타가 있었던 것을 알게 된 경우, '위반한 벌타'를 더함으로써 '실격'의 벌을 피할 수 있습니다.

2 서명하지 않고 제출 (New Rule)

! **실격** **2벌타** **실격에서 경감됨**

스코어 카드에는 자신과 마커의 서명이 반드시 필수이며 어느 한쪽 또는 양쪽 모두 잊어버리면 실격입니다.

2023년 로컬룰에서 일반 페널티(2벌타)로 경감됐습니다.

3 잘못 계산하여 1타 적게 합계 스코어를 제출 (New Rule)

벌타 없음 / 위원회가 오류를 정정함

라운드 후 단순 실수로 계산을 잘못해 1타 적은 합계 스코어를 적어(마커도 체크하지 못함) 제출해 버렸다. 이 경우, 제출 후 스코어 변경은 허용되나 각 홀의 스코어가 정확하면 페널티는 부과되지 않습니다.

또한, 2023년부터 스코어 가산과 핸디캡 산출 및 결정은 위원회 책임이 되어 플레이어의 계산 실수는 위원회에 의해 정정됩니다.

Check The Rule — 스코어 카드의 기록과 확인과 제출

라운드 중 플레이어는 자신의 스코어를 정확하게 기입하고 마커(같은 팀이자 라운드하는 제삼자)는 '지정된 플레이어의 스코어'를 기록합니다.

라운드 후 플레이어는 자기 자신의 스코어를, 마커는 지정된 플레이어의 각 홀 스코어가 정확한 것을 확인하고 의문이 있으면 위원회에 보고. 문제가 없으면 서명(증명)하여 위원회에 제출합니다. 스코어 카드를 제출한 뒤 변경하는 것은 안 됩니다.

ETIQUETTE

SCORE CARD — 스코어 카드 기록법

1 BLUE(청색/백 티): 상급자
WHITE(흰색/프론트 티·레귤러 티): 일반 남성
RED(빨간색/레이디 티): 여성

2 파(PAR)
각 홀의 기준 타수. 숏 홀은 3, 미들 홀은 4, 롱 홀은 5.
전체 18홀 합계는 72가 기본.

HOLE	1	2	3	4	5	6	7	8	9	OUT
BLUE	424	154	510	421	416	220	576	412	361	3494
WHITE	405	138	490	395	390	198	550	389	337	3292
RED	358	110	452	372	374	178	487	366	308	3005
PAR	4	3	5	4	4	3	5	4	4	36
김철수	5	4	6	5	5	4	6	5	5	45
HDCP	5	18	4	9	6	14	1	11	13	
DATE	MARKER'S SIGNATURE									

> 스코어 기입은 플레이어와 마커의 책임

3 홀의 핸디캡
각 홀의 난이도. 1~18로 표시되며 숫자가 적을수록 난이도가 높다.

4 플레이어 이름
가장 위에 있는 칸에 자기 이름을 적고, 아래 칸에 동료 이름을 기입한다.

5 마커 서명
동료 및 마커에게 받는 증명 사인

6 본인 서명
'각 홀 스코어에 대한 책임을 집니다'라고 사인한다.

플레이어의 책임

플레이어는 각 홀 스코어를 본인이 관리 및 기입할 책임이 있습니다. 라운드 종료 후에는 사인(서명)하고, 마커 서명을 받아 스코어 카드를 반납합니다. 이후에 스코어 변경은 불가하며 위반은 실격이 됩니다.

● 로컬룰 확인……스코어 카드 뒷면에 기재되어 있는 코스 자체의 로컬룰을 반드시 봐둡시다. 잔디 보호를 위해 페어웨이에서 6인치(약 15cm) 플레이스 및 흰색 선과 파란 말뚝=수리지의 지정이나 카트의 관련 규제 등이 기재되어 있습니다. 로컬룰은 일반 룰보다 우선합니다.

● 타수를 기록하는 카드는 골프장에 준비되어 있습니다. 플레이어는 스코어를 본인이 관리 및 기록하므로 스코어 카드의 기입법을 알아 두는 것이 중요합니다.

7 아웃(OUT)과 인(IN)

전반 9홀을 '아웃코스', 후반 9홀을 '인코스'라고 한다. 골프의 경우 스타트를 '티오프(Tee off)', 스타트 시간을 '티타임'이라고 한다.

8 플레이어의 핸디캡

기량이 다른 플레이어끼리 공평하게 플레이하기 위한 기준 포인트. 핸디캡은 위원회가 산출해서 정한다.

10	11	12	13	14	15	16	17	18	IN	TOT	HCP	NET
407	488	315	341	198	361	404	560	177	3251	6745		
381	459	303	313	177	342	382	551	151	3059	6351		
357	436	268	295	155	316	354	427	122	2730	5735		
4	5	4	4	3	4	4	5	3	36	72		
5	6	5	5	4	5	6	4	45	90	17	73	
7	3	15	12	16	10	8	2	17				

스코어 집계 및 핸디캡은 위원회 책임

PLAYER'S SIGNATURE

9 야디지

각 홀 거리는 야드로 표시돼 있다. (1yard는 약 90cm)

10 네트 스코어

총 18홀의 토털 스코어에서 위의 8번 핸디캡을 뺀 스코어.

Check The Rule — 타수별 호칭

골프는 각 홀에 기준 타수(파)가 있고 골프에서 쓰는 타수별 호칭이 있습니다. 예를 들면, 파4(타) 홀을 5타로 돌면 +1(타)로 '보기'라고 합니다.

▶이글(-2)
기준 타수보다 마이너스 2타.

▶버디(-1)
기준 타수보다 마이너스 1타.

▶파(±0)
기준 타수에 딱 맞는 타수.
18홀 합계는 72.

▶보기(+1)
기준 타수보다 플러스 1타. 18홀 합계는 90.

▶더블 보기(+2)
기준 타수보다 플러스 2타. 18홀 합계는 108.

▶트리플 보기(+3)
기준 타수보다 플러스 3타. 18홀 합계는 126.
비기너는 이걸 먼저 목표로 합시다!

ETIQUETTE

플레이어의 마음가짐

골프 게임이란 What is Golf?

골프는 룰에 따라 하나의 공으로 클럽을 사용해서 티잉 구역에서 플레이하고, (1타 또는 연속하는 복수의 스트로크로) 퍼팅 그린의 홀에 넣어 종료하는 코스인 1라운드 18홀을 플레이하는 게임입니다.

- 코스는 있는 그대로 플레이하고, 볼도 있는 그대로 플레이합니다.
- 상황에 따라 코스 상태를 바꾸거나 원래와는 다른 장소에서 플레이하는 것이 요구되는 예외의 경우가 있습니다.

골퍼의 마음가짐 The Spirit of the Game

모든 골퍼는 게임 정신을 바탕으로 플레이하는 것이 기대됩니다. 즉,
- 규칙에 따라 플레이에 성실할 것.
- 타인을 배려하고 빠르게 플레이하며, 타인의 안전을 확인하고 산만하게 하지 않는 것.
- 디봇을 원래 위치에 가져다 두고 벙커를 고르게 하며 볼 마크를 복원하는 등 코스를 소중히 보호할 것.

안전 확인 Safety

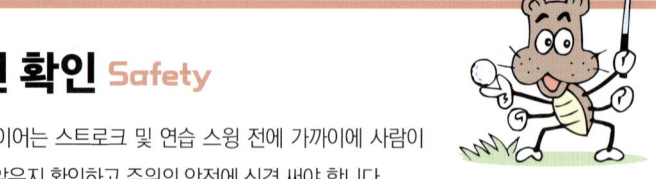

- 플레이어는 스트로크 및 연습 스윙 전에 가까이에 사람이 있지는 않은지 확인하고 주위의 안전에 신경 써야 합니다.
- 앞 팀에 볼이 갈 때까지 플레이해서는 안 됩니다(힘차게 치기 금지).
- 사람이 있는 쪽으로 공이 날아갔을 때는 망설이지 말고 즉시 위험을 알립시다. 이때 골프의 전통적 용어는 'Fore(포어)!'입니다.

티잉 구역

TEEING AREA

- 앞에 사람이 없는지 확인하기
- 바람을 읽고 공략법을 생각하기
- 차분히 친 다음 재빨리 이동하기

TEEING AREA

4. 티샷을 깜빡하고 티잉 구역 밖에서 쳤다

2벌타 — 올바른 구역 안에서 다시 치기

'티잉 구역'이란 전방, 좌우 2개의 티 마커와 안쪽으로 2클럽 거리의 직사각형 구역입니다. 이 구역에서 치며 이 볼의 제1타가 '티샷'입니다.

이 구역에서 티샷을 친 순간, 이 볼은 인플레이가 됩니다. 볼을 구역 내에 티업하면 발의 위치는 티잉 구역 밖이어도 괜찮습니다. 구역 밖에서 친 볼은 무효로 2벌타를 받고 올바른 구역 내에서 다시 칩니다. 그림에서는 C만 올바르고 A와 B는 2벌타를 받은 뒤 올바른 구역 내에서 다시 칩니다.

2클럽 거리란 자신이 가진 클럽 중 퍼터 외의 가장 긴 클럽(드라이버)의 2개 정도에 해당하는 길이입니다(→P59, 81, 89, 97, 171).

● 티 마커 색: 빨간색은 '레이디 티'로 여성용, 흰색은 '프론트 티/레귤러 티'로 여자 프로와 남성용, 파란색은 '백 티'로 남자 프로용. 이 밖에도 은색(시니어용), 나무 타입 등도 있습니다.

티잉 구역 PART2

5. 타순을 잘못해서 친 볼이 OB가 됐다

1벌타 ▶ 이어서 플레이

스트로크 플레이에서는 타순을 잘못해도 페널티는 없고 순서를 정정해서 다시 치지 않습니다.

이 OB는 보통의 OB로 카운트됩니다. 즉, OB의 1벌타를 받고 다시 티업해서 3타째로 치게 되죠.

스타트 홀 타순은 따로 조합이 없는 경우에는 뽑기나 동전 던지기로 정하고 2홀째부터는 앞 홀에서 타수가 적었던 순으로 티오프(스타트)합니다.

> 사람이 있는 쪽으로 공이 날아가면 포어~! 라고 큰소리로 위험을 알립시다!

2019 Rule 40초 이내에 스트로크하는 것을 권장

TEEING AREA

 **플레이 전 동료에게 사용할 클럽 번호를 물었다**

2벌타 　이어서 플레이

　플레이하기 전에 같은 팀 동료에게 사용할 클럽을 물어보는 것도, 알려 주는 것도 위반에 해당하여 알려 준 쪽에게도 '어드바이스 위반'으로 2벌타가 부과됩니다.

　'어드바이스'란 ① 플레이 방법 판단, ② 클럽 선택, ③ 스트로크할 때 영향을 주는 코멘트 및 행위를 뜻하는데 이것 모두 묻는 것도 답하는 것도 위반입니다. 다만, 자신도 쳤고 상대도 친 다음이라면 지금 사용한 클럽의 번호를 물어도 괜찮습니다.

　코스에서 어드바이스를 구할 수 있는 것은 자신의 캐디뿐입니다. 플레이어는 자신의 캐디가 알고 있는 모든 정보를 물을 수 있습니다. 그리고 공용 캐디의 경우라면 캐디에게 동료의 사용 클럽을 물어도 페널티 대상이 아닙니다.

● 스트로크한 후 '9번은 너무 긴데'라고 아직 플레이 전의 동료에게 자기도 모르게 말했지만 동료에게 영향을 줄 의도는 없었다면 페널티는 없습니다.

티잉 구역　PART2

7. 동료에게 연못 및 OB 장소를 물었다

처음 가본 코스라 어떻게 공략해야 할지 몰라 동료에게 연못 및 OB 장소, 그린까지의 거리 및 핀의 위치 등을 물었다.

페널티 없음　　**이어서 플레이**

골프 규칙 및 트러블 대처법, 연못 위치 및 OB 장소, 그린 및 벙커까지의 거리 및 핀의 위치, 바람 방향 등은 '공개된 정보'로 '어드바이스'가 아니기에 물어보고 알려 줄 수도 있습니다.

단, '오른쪽은 OB니까 왼쪽을 노리는 게 좋아', '5번이면 연못은 넘을 거야', '연못 바로 앞에서 끊어 가는 방법도 있어' 등 구체적인 공략법을 알려 주는 것은 안 됩니다. 어드바이스 위반으로 2벌타를 받습니다.

2023년 개정에서는 '바람 방향'의 어드바이스는 페널티 대상에서 빠졌습니다.

● 처음 치는 사람을 'Honour(오너, '영예로운 사람'이라는 의미)'라고 부릅니다. Honour는 영국식 영어 스펠링으로 미국식 영어로는 Honor.

TEEING AREA

8. 티업한 볼의 뒤를 밟았다

페널티 없음 — 이어서 플레이

　티잉 구역 위에 한해서 볼의 인플레이 여부와 관계없이 스트로크에 영향이 있는 상황을 개선하는 것이 가능합니다. 예를 들어, 클럽 및 발로 지면을 다듬는다든지 풀이나 잡초 방향을 매만져 고치거나, 안개 및 서리를 제거하는 것도 가능합니다. 티잉 구역 위라면 볼 뒤쪽의 풀이나 잡초를 밟고 플레이해도 문제없습니다.

- 동료가 티잉 구역 밖에 티업했을 때 '구역 밖이야'라고 잘못을 지적해 줘도 괜찮습니다. '룰'을 알려 주는 것은 어드바이스에 해당하지 않습니다.

9 왜글을 하다가 볼이 떨어졌다

페널티 없음 — 다시 티업

'왜글'은 클럽을 작게 흔드는 예비 동작으로 좋은 샷을 칠 수 있게 준비하는 동작을 말합니다. 티업한 볼에 클럽을 맞춰보며 왜글을 하다가 볼이 떨어진 경우, 티잉 구역 위에 한하여 인플레이 전이기에 페널티는 없고 볼을 티업에 다시 올려놓고 플레이를 계속할 수 있습니다.

단, 이 행위는 티잉 구역 밖의 경우, 볼을 '움직인' 위반으로 1벌타를 받고 움직인 볼은 원래 위치에 돌려놓은 다음 다시 플레이해야 합니다.

● 인플레이 볼······티잉 구역에서 스트로크한 순간, 이 볼은 '인플레이'가 되고(→P38) 홀에 들어갈 때까지 '인플레이 상태'가 됩니다. OB 및 분실구, 볼을 주었을 때는 인플레이 상태가 아니게 됩니다.

TEEING AREA

10. 티샷에서 빈스윙! 볼이 흔들려 티에서 떨어졌다

페널티 없음 — 다시 티업하고 플레이

힘차게 티샷에서 빈스윙! 바람 압력으로 볼이 흔들려 티에서 떨어졌는데 이 빈스윙이 아주 당당한 1스트로크로 이 볼은 인플레이가 됩니다. 그리고 스트로크 후에 인플레이 볼이 티잉 구역 위에 있는 경우는 이대로 플레이해도 되지만 티샷을 리셋하고 페널티 없이 다시 티업하고 칠 수 있습니다. 연습 스윙이 1타째고 다음 타는 2타째가 되는 거죠.

볼이 티에 남아 있는 경우에는 물론 그대로 쳐도 되고, 장소 및 볼을 바꿔서 티업을 다시 해도 됩니다. 다음 타는 2타째입니다.

티잉 구역   PART2

빈스윙을 하다가 떨어진 볼을 다시 티업해서 쳤다

페널티 없음   그대로 플레이

　티잉 구역에서 한번 스트로크한 후에는 인플레이 공이 티 구역에 있는 경우, 페널티 없이 ① 그대로 플레이, ② 장소를 이동해서 플레이, ③ 다시 티업해서 플레이 이 모두가 OK입니다.

　즉, 티잉 구역의 좋은 장소에 다시 티업하고 플레이할 수 있습니다. 지금까지의 타수는 빈스윙 1 + ③ 다시 티업해서 한 샷 1 = 2타.

2019 Rule   티잉 구역에서는 언제든 티업할 수 있다

TEEING AREA

12. 도중에 스윙을 멈췄다

페널티 없음 | **다시 티업**

볼을 치려고 다운스윙을 시작했을 때 무언가 소리가 나서 스윙을 멈췄다. 하지만 멈추지 못하고 겨우 볼을 피하긴 했지만 바람의 압력으로 볼이 떨어졌다……. 이 경우, 스윙은 했지만 다운스윙의 궤도를 바꿔 볼을 피함으로써 스트로크를 제지하려고 했기에 스트로크를 한 것으로 간주하지 않고 페널티 없이 다시 티업할 수 있습니다.

Check The Rule — 스트로크가 뭐야? Stroke

스트로크란 '공을 치기 위해서 이뤄지는 클럽 앞에서의 움직임'을 말한다. 스윙을 파트 별로 설명하면 ① 백스윙을 시작하고, ② 탑에서 전환하여, ③ 다운스윙하고, ④ 볼을 치고, ⑤ 팔로우 스루한다. 이것이 일련의 동작인데 스트로크란 '전방 방향으로의 움직임', 즉 ②에서 ⑤까지의 일련의 움직임을 말합니다.

따라서 ①의 백스윙은 스트로크가 아니고, 플레이어가 ②를 한 다음, 클럽 헤드가 볼에 맞기 전에 다운스윙을 자신의 의사로 도중에 멈췄다면 스트로크를 한 것이 되지 않습니다.

13 타인의 클럽을 착각하고 사용했다

2벌타 ▶ 이어서 플레이

플레이어는 자신이 고른 14개 이내의 클럽을 갖고 정규 라운드를 시작합니다. 동료 및 캐디가 잘못 넣었을 경우에는 그 클럽을 사용하면 2벌타를 받지만(친 볼은 그대로 플레이), 사용하지 않으면 페널티는 없습니다.

14개가 채 안 되는 클럽으로 스타트한 경우에도 다른 플레이어로부터 클럽을 빌릴 수 없습니다. 다른 사람의 클럽을 사용하면 1회당 2벌타, 2회당 4벌타인데 1라운드 모두에서 사용하게 되면 4벌타가 최대가 됩니다.

또한 스타트 후 15개 이상의 초과 클럽이 있는 것을 알게 되면, 즉시 같은 팀 마커에게 플레이에서 제외할 클럽을 알려야 합니다(2벌타·최대 4벌타). 이를 소홀히 하고 플레이를 계속하면 실격됩니다. 제외되는 클럽은 거꾸로 해서 백에 넣습니다.

● 스타트 전에 초과 클럽을 알게 됨……라운드 전에 14개를 넘는 클럽이 있음을 알게 됐을 때는 가능한 그 클럽을 두고 스타트합니다. 어쩔 수 없이 백에 넣고 스타트할 때는 그 클럽을 절대 사용하지 않는다는 '제외 고지'를 합니다.

TEEING AREA

14 볼이 OB 경계선 위에 있다

페널티 없음 이어서 플레이

OB 경계선은 말뚝 코스 측을 연결한 지상의 선으로, 이 선의 바깥 측에 볼이 완전히 나와 있으면 OB. 경계선에 있어도 코스 안으로 볼이 조금이라도 걸려 있으면 세이프입니다! 이대로 플레이를 계속해도 OK.

OB 말뚝은 코스 바깥쪽에 있다고 기억합시다.

OB의 경우, 선택지는 2개

1벌타 이전 타구 지점에서 다시 치기

2벌타 페어웨이의 2 클럽 이내에 드롭

① 1벌타를 받고 이전 타구 지점으로 돌아가 구제 구역에서 다시 치기. 1타째 볼이라면 티잉 구역으로 돌아가 다음은 3타째.

② 잠정구(→P50~51)를 치지 않은 경우, 로컬룰에서 2벌타를 받고 볼이 OB가 된 지점에서 가장 가까운 페어웨이의 2클럽 길이 이내에 드롭할 수 있습니다(→P59).

2019 Rule OB나 분실구더라도 이전 타구 지점으로 안 돌아가도 된다

티잉 구역　PART2

15. OB의 흰 선 정중앙에 볼이 멈췄다

흰 선이 OB 경계선을 나타내는 경우, 이 흰 선 자체는 OB 구역이 됩니다. 그리고 OB 선은 수직으로, 상하로 되어 있기에 (위에서 볼 때) 볼의 일부라도 코스 측이라면 세이프이지만 이번에는 볼 전체가 흰 선 정중앙에 있기에 OB가 됩니다. 잠정구를 쳐서 다행이네요!

1벌타 — OB 조치로 잠정구 플레이

Check The Rule

라인의 경계에 있는 볼은 OB만 세이프!

노란 말뚝 · 빨간 말뚝 · 파란 말뚝의 라인 위는 아웃!

볼이 라인 위 및 경계에 있는 경우, OB의 하얀 말뚝 및 흰 선의 경우는 볼의 일부가 코스 측에 있으면 세이프입니다. 하지만 노란 말뚝 및 빨간 말뚝(페널티 구역), 파란 말뚝(수리지)은 볼이 그 경계 라인에 접하면 아웃, 그 구역에 볼이 들어간 것이 됩니다.

TEEING AREA

16. 티샷이 OB 앞쪽으로 날아가면 잠정구 선언!

플레이어는 볼이 분실됐을 수도 있다고 생각할 때 '잠정구 치겠습니다'라고 말하고 잠정구를 플레이할 수 있습니다.

1벌타 | OB의 경우는 잠정구를 플레이

잠정구를 친 경우, 1벌타의 볼이 발견됐을 때는 그대로 이어서 플레이해야 합니다.

1타째 볼이 OB였거나 3분 이내에 발견되지 않았을 때, 이 볼은 1벌타에서 분실구가 되고 잠정구가 인플레이 볼이 됩니다. 이 경우, OB인 1벌타를 더해 다음 타는 4타째가 됩니다.

또한, 1타째의 볼이 있을 것으로 여겨지는 지점에서, 또는 이 지점보다도 홀에 가까운 지점에서 잠정구를 플레이했을 때, 1타째의 볼은 분실구가 되고 잠정구가 인플레이 볼이 됩니다. 이 경우에도 다음 타는 4타째입니다.

● '잠정구'란……볼이 페널티 구역 이외에서 분실됐을지도 모르는 경우나 OB일지도 모르는 경우에 잠정적으로 플레이할 수 있는 볼을 의미합니다. 첫 볼이 세이프로 발견됐을 때는 잠정구는 포기해야 합니다.

PART2 티잉 구역

17. '잠정구 치겠습니다'라고 말 안 하고 치면 어떻게 되나?

1벌타 — 그대로 플레이

'하나 더 치겠습니다', '다시 치겠습니다', '다른 볼 치겠습니다'라고 해서는 잠정구로 간주하지 않고 그냥 스트로크입니다. 친 볼이 티샷이라면 '스트로크와 거리의 페널티'(→P53)에 따라 제3타가 되고 첫 볼은 분실구가 됩니다. 따라서 반드시 '잠정구'라는 어휘를 사용하는 것이 룰입니다. 잠정구는 다른 전원이 다 치고 나서 칩니다.

Check The Rule — 잠정구는 여러 번 쳐도 되나?

쳐도 OK입니다. 플레이어는 볼이 분실 또는 OB가 됐을지도 모른다고 생각될 때 언제든 '잠정구 선언'을 하면 잠정구를 플레이할 수 있습니다. 단, 볼에 표시를 해서 발견했을 때 그것이 몇 번째 볼인지 확인할 수 있게 합니다.

TEEING AREA

18. 티샷이 낭떠러지 아래로! 세이프지만 언플레이어블로 다시 치고 싶다

1벌타 — 언플레이어블의 대처

플레이어는 코스 위의 어디서든 (페널티 구역 안이 아니라면) 자신의 볼을 언플레이어블로 선언 후 1벌타를 추가한 다음 플레이를 계속할 수 있는 구제 처치를 할 수 있습니다. 언플레이어블은 볼이 멈췄을 때가 기점이기에 원래는 볼을 발견하고 이것이 자신의 볼임을 확인해야 합니다.

하지만 다시 치는 장소가 이미 아는 이전 위치인 경우에는 볼의 소재를 확인하지 않아도 되기에 이 경우는 언플레이어블의 1벌타를 더하고 티잉 구역에서 티업하여 칠 수 있습니다. 다음 타는 3타째.

- 돌아와서 잠정구……볼을 찾기 시작했지만 발견될 것 같지 않을 때는 3분의 수색 시간 이내라면 이전 타구 지점으로 돌아가 잠정구(→P50~51)를 플레이할 수 있습니다.

Check The Rule — 언플레이어블 선언

일러스트와 같이 플레이어는 (페널티 구역을 제외하고) 언제든 자신의 판단으로 언플레이어블의 볼 구제를 받을 수 있습니다. 언플레이어블을 선언한 경우, 1벌타를 받고 다음 1~3의 선택지에서 자신이 치기 쉬운 구제 조치를 선택할 수 있습니다(상세 내용은 →P96~99).

언플레이어블의 3개 선택지

CHOICE 1
이전 타구 지점으로 돌아가 구제 구역에 드롭하고 다시 치기. 전 위치가 티잉 구역이었다면 티업할 수 있다.

CHOICE 2 (New Rule)
볼과 홀을 잇는 후방선 위에 드롭하고 낙하지점에서 1클럽 이내의 원 안에서 볼이 멈추면 OK. 잘하는 거리까지 돌아갈 수 있다.

CHOICE 3
측면 구제한다. 볼에서 2클럽 길이의 구제 구역에 드롭할 수 있다. 볼보다 홀에 가깝게 가는 것은 안된다.

Check The Rule — '스트로크와 거리의 페널티' 구제
1 벌타를 더한 다음, 이전 타구 위치의 구제 구역에서 다시 치기

플레이어는 항상 1벌타를 바탕으로 직전에 스트로크를 한 지점으로 돌아가 볼을 칠 수 있고 그 경우에는 '스트로크와 거리의 페널티' 구제를 받게 됩니다. 스트로크와 거리의 페널티란, '1벌타를 받고 직전에 친 볼이 날아간 거리를 잃는다'는 의미입니다.

예를 들어, 'OB' 및 '분실구'에서 이전 타구 지점으로 돌아가 다시 치는 것은 1벌타로 '스트로크와 거리의 페널티' 조치를 한 것이 됩니다. 이 구제는 OB 및 분실구에 한정되지 않기 때문에 직전 스트로크가 일반 구역 및 페널티 구역, 벙커인 경우에도 그 직전에 플레이한 이전 타구 지점이 '기점'이 됩니다(이전 타구 지점에서 플레이하는 방법→P161).

TEEING AREA

19 거리측정기로 고저(高低) 차를 봤다

라운드 중에 사용해도 되는 도구는 사용법에 따라서 엄격한 페널티를 받는 경우가 있기에 라운드 전에 체크합시다.

2벌타 그대로 플레이, 2회째는 실격

거리측정기를 사용한 '두 지점 간의 거리' 계측이 공식 허용됐습니다. 단, 프로 및 경기 골프의 경우, '고저 차, 풍속'의 측정은 금지됩니다. 버튼 하나로 그린(핀)까지 몇 야드고, 고저 차는 플러스 5야드와 같이 자동 검출해 주는 편리한 도구이지만 화면으로 고저 차의 표시를 보면 2벌타를 받기에 거리측정기를 사용할 수 있는 경기회에서도 고저 차의 표시는 'OFF'로 전환해 두는 것을 잊지 맙시다.

아마추어 골프대회에서의 사용은 괜찮습니다.

2019 Rule 라운드 중에 거리측정기를 보거나 BGM을 들을 수 있게 됐다

● 스마트폰은 매너모드······라운드 중에 스마트폰으로 타인의 집중을 방해하는 것은 매너 위반입니다. 단, 스마트폰으로 '집에 전화'하는 것, '날씨 예보 및 기온', '뉴스'를 보는 것은 허용됩니다.

티잉 구역   PART2

20 BGM을 들으며 플레이했다

페널티 없음   **이어서 플레이**

라운드 중에 이어폰으로 BGM 및 좋아하는 곡을 듣는 것은 가능합니다.

단, 스마트폰 및 태블릿으로 지금 플레이 중인 본인이나 동료의 플레이 비디오를 보거나 해석하거나 하는 것은 '플레이 원조가 되는 도구의 사용'으로 2벌타를 받게 되므로 주의.

21 스마트폰으로 플레이 선을 본 다음 퍼팅했다   New Rule

추천 플레이 선 및 클럽 선택에 관한 정보를 보는 것은 불가합니다. 그린 경사 및 스피드는 본인이 '읽는 것'이 골프이므로 2023년 개정에서는 프로 및 경기 골프에서는 야디지북 사용에 제한이 생겼습니다. 손 메모는 10.8×17.8cm 이내 사이즈로 가능하며 스마트폰 및 태블릿으로 플레이 선을 표시하거나 확대 표시하는 것은 금지입니다.

2벌타   1회째는 2벌타, 2회째는 실격

● 풍향 체크……풍향을 알기 위해서 밀가루 등의 인공물을 공중에 뿌리거나 손수건 및 리본을 바람에 흔들리게 하는 것은 위반으로 2벌타를 받습니다. 잔디를 집어 바람에 날려 풍향을 보는 것은 괜찮습니다.

TEEING AREA

22. 볼을 다 써 동료에게 빌렸다

여러 번 연못 및 골짜기로 볼을 보내버린 바람에 볼을 다 사용한 경우, 볼을 동료에게 빌릴 수 있습니다.

또한, 티 및 마커, 장갑 및 모자, 거리측정기 및 양산 등 클럽 이외의 것도 동료에게 빌릴 수 있습니다.

페널티 없음 — 그대로 플레이

---

23. 핫팩으로 손을 녹이며 플레이했는데 주머니에 볼이!

추운 겨울, 손을 녹이려 주머니에 핫팩을 넣었고 거기에 공이 있는 것은 페널티에 해당하지 않습니다.

단, 라운드 중에 의도적으로 휴대 핫팩으로 따뜻하게 한 볼을 스트로크하면 '비정상적인 방법으로 고의로 성능을 바꾼' 볼의 사용으로 실격이 될 우려가 있기에 주의합니다.

페널티 없음 — 그대로 플레이

일반 구역

GENERAL AREA

- 빈 스윙으로 코스를 손상하지 않기
- 내 볼에 표시를 하고 치기 전에 확인
- 곤란할 때는 어디서든 언플레이어블 구제

GENERAL AREA

24. 볼이 안 보인다, 어떡하지!

페어웨이로 간 볼이 안 보인다! '아 답답하네'라고 탄식하고 있은들 소용없습니다. 어떤 상황에서든 3분 이내 안 보이면 그 볼은 '분실구'로 선택지는 2개입니다. 분실구의 경우에는……

1벌타 — 이전 타구 지점에서 다시 치기

2벌타 — 페어웨이에 드롭

① 1벌타를 받고, 직전에 플레이한 장소로 돌아가 구제 구역에서 다시 칩니다. 그곳이 티잉 구역이라면 티업 가능합니다(→P161).

② 2벌타를 받고 오른쪽 페이지 일러스트의 볼X가 분실된 것으로 생각되는 지점에 가장 가까운 페어웨이의 2클럽 길이 이내(주황색 점선 라인) 구역에 드롭하여 플레이합니다. 후방으로 돌아오는 거리는 자유지만 원래의 볼(분실 지점)보다 홀에 가까워지는 것은 안됩니다.

〈주의〉 ②의 로컬룰 구제는 잠정구(→P50~51)를 플레이한 경우와 볼이 페널티 구역에 들어간 경우는 적용할 수 없습니다.

2019 Rule — OB 및 분실구라도 이전 타구 지점으로 안 돌아가도 된다

◎ 룰 개정의 요지……본서는 비기너를 위한 것으로 ②의 로컬룰을 적용하는 전제로 구성되어 있습니다. ◎ 프로골퍼 및 아마추어 경기 골프에서의 분실구 및 OB 조치는 오직 ①이며, ②는 적용되지 않습니다.

일반 구역   PART3

25 볼이 OB가 되면 어떡하지?

1벌타 이전 타구 지점에서 다시 치기

2벌타 페어웨이로 드롭

볼이 OB(아웃오브바운즈)가 된 경우, 선택지는 2개.

①은 '분실구'와 동일합니다. 1벌타를 받고 이전 타구 지점으로 돌아가 구제 구역에서 다시 칩니다(→P161).

②는 2벌타를 받고 볼 Y가 OB 경계를 가로지른 지점에 가장 가까운 (홀에 가까이 가지 않는) 페어웨이의 2클럽 길이(주황색 점선 라인) 이내로 드롭하고 플레이합니다.

구제 구역을 계측하는 클럽은 플레이어가 가진 14개 클럽 중 퍼터를 제외한 가장 긴 클럽(드라이버) 길이를 1클럽 길이로 정의됐습니다.

GENERAL AREA

26 찾았던 볼이 발견됐는데 3분 이상 지났다

1벌타 이전 타구 지점에서 다시 치기

2벌타 페어웨이에 드롭

러프에 박힌 볼을 찾다가 드디어 발견했을 때 3분 이상이 지났다면……

찾기 시작한 지 3분이 지났으니 이 볼은 분실구가 되어 선택지는 2개입니다.

① 1벌타를 받고, 직전에 플레이한 장소로 돌아가 다시 칩니다.

② 2벌타를 받고, 볼이 분실됐다고 생각되는 지점에 가장 가까운 (홀에 가까이 가지 않는) 페어웨이의 2클럽 이내에 드롭하고 칩니다 (→P58~59).

3분이 지난 볼은 인플레이가 아니게 되고 그 볼을 플레이하면 '오구'로 2벌타를 받습니다. 정정하지 않고 다음 홀에서 플레이하면 실격이 됩니다 (→P101).

2023년 개정으로 멀리서 볼이 (누군가에게) 3분 이내 발견된 경우, 거기로 확인하러 가는 데 필요한 시간이 플러스 '1분간'으로 정해졌습니다.

New Rule 볼 찾기는 3분간이지만, 확인하러 가는 시간이 플러스 1분이 된다.

일반 구역　PART3

 27 자신의 볼인지 확인하기 위해 풀을 좌우로 헤쳤다

볼을 찾을 때 러프에서 발견한 볼이 자신의 것인지 확인하기 위해 페어웨이에 풀과 식물들을 움직이거나 제쳐보거나 할 수 있습니다.

또한, 볼을 찾거나 확인하는 도중에 자기도 모르게 볼을 움직이게 된 경우에도 페널티는 없습니다. 움직인 볼은 원래의 위치로 리플레이스 합니다. 주워서 볼을 확인할 때는 필요 이상으로 닦을 수 없으니 주의합시다.

페널티 없음 ▶ 그대로 플레이

Check The Rule　자기 볼에 이름을 써 두자

플레이어는 자신의 볼을 확인할 책임이 있습니다. 볼에 이름 및 마크를 기입해서 '내 볼' 인지 알 수 있게 합시다.

GENERAL AREA

28 러프에서 자신의 볼을 수색하다가 자기도 모르게 치고 말았다

페널티 없음   리플레이스

볼을 찾을 때 클럽이 숨어 있던 볼에 우연히 닿거나 쳐 버리거나 하는 경우가 있습니다. 하지만 볼을 찾는 도중에 우연히 볼을 쳐도 페널티는 받지 않습니다.

'볼 찾기'와 '볼 확인 중'에 한하여 우연히 볼을 움직인 페널티가 없어졌습니다. 움직인 볼은 원위치로 리플레이스 합니다(→P105, 113). 원위치를 모를 때는 '추정하여' 리플레이스 합니다. 리플레이스 없이 플레이하면 일반 페널티(2벌타)를 받습니다(→P65).

2019 Rule   **볼 수색 중에 우연히 볼을 움직여도 페널티가 생기지 않게 됐다**

플레이 이외의 것으로 볼에 닿거나 움직이면 1벌타 원칙은 변하지 않지만 '볼 찾기'와 '볼 확인'일 때 우연히 볼을 움직인 페널티가 사라졌다.

29. 러프에서 동료의 볼을 내 캐디가 우연히 찼다

볼을 찾을 때 캐디 및 다른 사람이 볼을 움직여도 누구도 페널티는 없습니다. 볼은 원위치로 리플레이스 합니다. 원래 지점을 모를 때는 '추정하여' 리플레이스 해서 플레이를 계속하는데, 리플레이스하지 않고 플레이하면 일반 페널티(2벌타)를 받습니다.

페널티 없음 → 리플레이스

---

30. 찾고 있던 볼을 밟아 러프에 들어갔다

페널티 없음 → 리플레이스

볼을 동료가 밟아 지면에 깊이 박히고 말았다면……

'외부의 영향(→P74)'으로 그 누구도 페널티는 없고 원상 복귀로 구멍 바로 뒤에 리플레이스 합니다. 볼은 닦을 수 있습니다.

GENERAL AREA

31 볼 뒤에 클럽을 맞춰 봤더니 볼이 흔들렸다

페널티 없음 — 그대로 플레이

스탠스를 취하고 볼 뒤로 클럽을 맞추려 하다가 그만 볼에 닿아 조금 흔들렸다면……

이 경우, 멈춰 있던 볼이 이동하여 다른 장소에 멈춘 것이 아니기에 '움직이지 않은' 것으로 간주하여 페널티는 없습니다.

Check The Rule

볼이 움직이다, 움직여지다
Move or Moved

골프는 볼을 치는(움직여 가는) 게임입니다. 문제는 스트로크하지 않았는데도 볼이 움직이거나 움직여진 경우입니다. 정의로는 '멈춰 있는 볼이 확실히 다른 장소에 멈췄을' 때 볼은 '움직인' 것으로 여겨지며, 이는 상하, 수평 어느 방향으로도 마찬가지입니다. 흔들리는 것만으로는 '움직이지 않은 것'으로 간주합니다.

그리고 볼이 움직이는 주요 요인은 ① 플레이어 본인이나 캐디, ② 바람이나 물, 중력 등 자연의 힘, ③ 외부의 영향(→P74) 중 어느 하나죠. 원인이 ① 또는 ③이라는 것을 '알고 있거나 사실상 확실'하지 않을 때는 '자연의 힘'이 볼을 움직인 것으로 간주합니다.

● 스탠스란?……볼을 칠 때의 발과 몸의 위치를 말합니다. 스트로크하기 위해 발의 위치를 정했을 때, '스탠스를 취했다'고 합니다.

일반 구역 PART3

솔을 했더니 볼이 움직였다

스탠스를 잡고 클럽을 볼 뒤에 놓았더니 멈춰 있던 볼이 움직였다.

멈춰 있던 볼이 움직인 경우, ① 플레이어 본인, ② 바람이나 물, 중력 등 자연의 힘, ③ 외부의 영향(→P74) 중 어느 하나가 원인이 됩니다. ① 플레이어 본인이 원인인 경우는 1벌타를 받고 볼은 리플레이스 합니다.

1벌타 ➜ ① 리플레이스

페널티 없음 ➜ ② 그대로 플레이

② 자연의 힘이 원인으로 볼이 움직였을 때는 페널티가 없고 볼이 멈춘 위치에서 그대로 플레이합니다.

③ 외부의 영향이 원인인 경우는, 페널티 없이 리플레이스 합니다(→P63).

①이나 ③ 중 어느 쪽이 원인인지 '확실히 모를 때'는 ②의 '자연의 힘'이 볼을 움직인 것으로 간주합니다.

Check The Rule — '일반 페널티'란

골프의 페널티에서 '일반 페널티(2벌타)'라는 것이 있습니다. 예를 들면, '자신의 볼을 쳤을 (움직였을)' 경우, 그 후 올바른 처치(리플레이스)를 하면 움직인 1벌타만 받습니다. 그러나 처치를 소홀히 하여 리플레이스하지 않고 플레이하면 '일반 페널티'가 되어 2벌타를 받습니다. 이 경우, 볼을 움직인 페널티는 추가되지 않습니다.

● 외부의 영향······플레이어의 '볼 및 용구, 라운드'에 영향을 미치는 '모든 인간, 모든 동물, 모든 자연물 및 인공물'. 단, '플레이어 본인과 그 캐디'와 '바람 및 물 등의 자연의 힘'을 제외합니다(→P74).

GENERAL AREA

33. 경사면에서 움직이기 시작한 볼을 클럽으로 멈췄다

1벌타 ▶ 리플레이스

스탠스를 취하자 볼이 움직였고 클럽에 붙었다면……. 멈춰 있던 '볼이 움직인' 케이스는 플레이어가 원인이면 1벌타를 받고 볼은 리플레이스입니다. '클럽으로 우연히 멈춘' 케이스는 최초 움직임이 관련이 있으니 페널티는 없습니다.

페널티 없음 ▶ 멈춘 지점에서 플레이

플레이어에 원인이 없고 '자연의 힘'으로 움직이기 시작한 볼을 자신의 클럽으로 우연히 멈춘 경우, 페널티는 받지 않습니다. 그리고 그 클럽을 뗐더니 볼이 멈춰 있다면 그 지점에서 플레이합니다.
볼이 움직인 경우에는 볼을 멈춘 지점에 리플레이스 해야 합니다. 그대로 플레이하면 '일반 페널티(2벌타)'를 받으니 주의.

● 경사면의 볼이 굴러 OB 구역으로……. 스탠스를 취하자 볼이 움직이기 시작하고 굴러서 OB에 들어갔다! 플레이어가 가까이 간 것이 원인인 경우에는 OB가 되지 않고 1벌타로 볼은 리플레이스. 중력 및 바람이 원인인 경우에는 OB가 됩니다.

34 작은 나뭇가지를 제거했더니 볼이 움직였다

볼이 움직인 원인이 플레이어에 있다면 1벌타를 받고 볼은 리플레이스 합니다. 원인이 플레이어에게 없다면 볼은 그대로 플레이.

작은 나뭇가지 및 낙엽은 '분리한 자연물(루스 임페디먼트)이므로 코스 위의 어디서든 제거 가능한데 이때 의도치 않게 볼을 움직이게 되면 페널티를 부과받으니 주의(→P77). 다만, 퍼팅 그린 위에 한하여 루스 임페디먼트를 제거할 때 볼을 움직여도 페널티는 아닙니다. 볼은 리플레이스 합니다.

1벌타 / 리플레이스

---

35 연필을 빼니 볼이 움직였다

페널티 없음 / 리플레이스

지면에 떨어진 스코어 기입용 연필에 볼이 멈췄다……. 연필 및 티, 담배꽁초는 '움직일 수 있는 장해물'이기에 코스 위 어디서든 제거할 수 있습니다. 제거할 때, 의도치 않게 볼을 움직여도 페널티는 없고 볼은 리플레이스하면 OK(→P85). 앞의 '루스 임페디먼트'와 혼동하지 않도록 기억해 둡시다.

GENERAL AREA

36. 지저분한 자기 볼을 맘대로 주워서 닦았다

인플레이의 볼을 맘대로 주울 수 없습니다. 위반이기에 1벌타를 받고 볼을 원위치에 리플레이스 합니다.

규칙에서는 볼을 주우면 1벌타, 마크하지 않으면 1벌타, 볼을 닦는 경우도 1벌타로 합계 3벌타이니, 일련의 동작에 의한 '페널티의 중복 면제'를 위해 토털 1벌타가 됩니다 (→P117).

1벌타 ▶ 리플레이스

Check The Rule — 동시에 2개 이상의 위반을 했을 때

플레이어가 위반을 인지하지 못하고 규칙을 위반한 후, 그 볼을 플레이할 때 같은 또는 다른 규칙을 위반한 경우 이 플레이어는 (더 무거운 쪽의) 페널티를 한 개 받습니다(페널티의 중복 면제→P117).
단, 일러스트의 케이스와 같이 스트로크하기 전에 '규칙 위반을 인지한' 경우, 그 후에 규칙 위반이 있었을 때는 2개의 1벌타(합계 2벌타)를 받습니다.

● 회사 골프 시합 등에서는 '페어웨이·올 6인치·플레이스'라는 6인치 이내라면 볼을 이동시켜도 좋다는 로컬룰이 채용되는 경우가 있는데 이에 익숙해져 무조건 볼을 움직이거나 줍는 습관을 들이지 말아야 합니다. '인플레이의 볼을 주워서는 안 된다'는 것을 골프의 철칙으로 기억합시다.

일반 구역 PART 3

37 지저분한 볼이 자기 것인지 확인하고 싶다

볼이 진흙투성이라 번호 및 식별 마크가 보이지 않을 때는 확인을 위해 페널티 없이 마크하여 주울 수 있습니다. 확인할 때 볼을 필요 이상으로 닦으면 1벌타가 되니 주의합니다. 자기 볼인지 확인했다면 리플레이스 합니다.

페널티 없음 — 확인하고 리플레이스

볼 확인을 위해 볼을 주울 때 고지 및 입회는 불필요합니다.

2019 Rule 볼 확인을 위해 주울 때 동료에게 고지는 불필요

---

38 볼을 돌려 확인했다

1벌타 — 그대로 플레이

자기 볼인지 확인하기 위해 그 자리에서 볼을 조금 돌려서 확인했다면, 뒤쪽의 식별 마크를 조금 보는 것이라 해도 마크하지 않고 볼을 돌리면 1벌타가 됩니다. 볼을 만지기 전에는 반드시 마크해야 합니다.

GENERAL AREA

39. 리플레이스 해야 하는 볼을 드롭하고 플레이했다

1벌타   그대로 플레이

'잘못' 볼을 줍거나 무심코 인플레이의 볼을 움직여버렸을 때 올바른 처치는 드롭 (→P90)이 아니라 원위치에 리플레이스입니다. 이 드롭은 잘못된 방법으로 리플레이스 된 것이 되기에 잘못을 정정하지 않고 플레이했을 때는 1벌타를 받습니다.

이와는 반대로, 구제로 규칙에 따라 주운 볼의 처치는 드롭이지만 무심코 플레이하거나 구제 구역 밖에 드롭하여 플레이하면 2벌타를 받습니다.

이 경우, 스트로크 전에 인지하여 올바른 방법으로 다시 드롭하면 페널티는 부과되지 않습니다.

● 잘못을 정정하기……인플레이인 볼을 ① 잘못된 장소에, ② 잘못된 방법으로, ③ 절차 위반으로 리플레이스, 드롭, 플레이스 한 경우에도 플레이 전이라면 페널티 없이 볼을 주워 잘못된 것을 정정할 수 있습니다.

일반 구역 — PART3

Check The Rule
마크 / 리플레이스 / 플레이스 각각의 의미

마크

① 볼 마커를 볼의 바로 뒤 또는 아주 가까이 놓기
② 클럽을 볼의 바로 뒤 또는 아주 가까이 두기(→P144)

- 마크는 볼을 주울 때 볼을 원위치에 정확하게 리플레이스하기 위한 표시입니다. 볼 마커는 코스 전용 마커 및 코인, 티 등을 사용합니다.
- 볼 마커를 남겨 둔 채로 스트로크하면 위반으로 1벌타(→P155)
- 구제로 볼을 주울 때는 (마크는 필수는 아니지만) 마크하는 것을 추천합니다((→P89).

리플레이스

볼을 인플레이할 의도로 〈같은〉 볼을 〈원래의〉 지면에 두는 것(→P91).

플레이스

볼을 두는 것. 구제로 2회 리플레이스(드롭) 했거나 볼이 구제 구역 밖으로 갔을 때 2회차 볼을 리플레이스(드롭) 한 지점에 볼을 '플레이스' 합니다(→P87, 91).

마크 방법

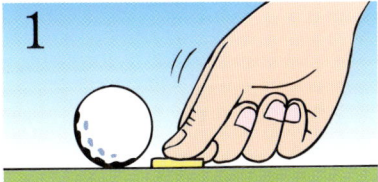

마커는 볼의 바로 뒤(또는 제일 가까운 곳)에 둡니다.

볼을 놓을 때는 마커의 바로 앞에 둡니다.

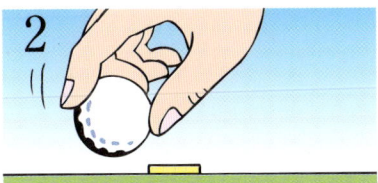

볼을 줍습니다. 주울 때, 볼 및 마커가 움직여도 페널티 없이 리플레이스 합니다.

마커를 반드시 픽업한 다음 스트로크합시다.

GENERAL AREA

40. 나무에 맞은 볼이 튀어서 자신에게 맞았다

페널티 없음 — 그대로 플레이

친 볼이 자기 또는 다른 사람이나 용구, 동물, 코스 위에 있는 용구에 우연히 맞았다……. 움직이던 볼이 무언가에 멈춰진 것이 되는데, 이 경우 누구도 페널티는 없고 볼이 멈춰진 곳에서 플레이합니다.

(예외는 그린 위에서 친 볼이 그린 위의 누군가의 '볼'에 맞았을 경우, 맞힌 플레이어에게 2벌타가 부과됩니다→P156).

2019 Rule 볼이 우연히 플레이어 및 캐디, 용구에 맞아도 페널티는 없다

일반 구역 PART3

41 친 볼에 동료가 맞았다

우연히 생크가 난 볼이 바로 앞 숲에서 볼을 찾고 있는 동료의 몸에 맞았다면? 즉, 친 볼이 우연히 다른 사람에 맞았을 경우에는 누구도 페널티는 없고 볼은 멈춘 곳에서 플레이스 합니다(생크 →P166).

페널티 없음 — 그대로 플레이

사람이 맞은 경우에는 부상 여부를 확인하고 긴급한 경우에는 플레이를 중단하고 대처하도록 합니다.

42 친 볼이 카트에 맞다

친 볼이 카트(외부의 영향→P74)에 우연히 맞아도 누구도 페널티는 없고 볼은 멈춘 곳에서 그대로 플레이합니다.

볼이 카트에 올라갔을 때도 볼의 바로 아래 지점을 기점으로 홀에 가까이 가지 않는 1클럽 길이 이내로 드롭합니다.

페널티 없음 — 그대로 플레이

73

GENERAL AREA

43 친 볼이 작업차에 맞아서 OB?

OB가 됩니다. 작업차 및 카트 등(외부의 영향)에 맞은 경우는 페널티 없이 멈춘 곳에서 플레이하면 됩니다.

그러나 이 경우엔 멈춘 곳이 OB이기에 OB에 해당하는 조치가 되죠. 즉, ① 1벌타로 이전 타구 지점에서 다시 치거나 또는, ② 2벌타로 볼이 OB 경계를 가로지른 지점의 옆 페어웨이의 2클럽 이내에 드롭하고 다시 치면 됩니다 (→P59).

1벌타 이전 타구 지점에서 다시 치기

2벌타 페어웨이에 드롭

Check The Rule — 외부의 영향 / Outside Influence

외부의 영향이란 플레이어의 '볼 및 용구, 라운드'에 영향을 미치는 '모든 인간, 모든 동물, 모든 자연물 및 인공물'을 말한다. 단, '플레이어 자신과 그 캐디'와 '자연의 힘(바람 및 물, 중력 등)'을 제외합니다.
'모든 자연물 및 인공물'이란 '풀 및 잔디, 나무 및 숲, 연못, 말뚝 및 레이크, 스프링클러 및 하수도, 도로 및 하우스, 움직이는 다른 사람의 볼 등'으로 '플레이어의 클럽 및 캐디 백, 양산, 페트병 등의 용구도 포함하는' 모든 것입니다.

일반 구역   PART3

44. 친 볼이 동료 볼에 맞아 벙커로

넓은 페어웨이라도 볼과 볼이 부딪치는 경우가 있습니다. 이 경우 어느 쪽도 페널티는 없습니다. 맞힌 쪽의 볼은 그대로이며 맞은쪽의 볼은 벙커에서 원위치에 가능한 가까운 지점에 리플레이스 합니다. 원위치가 불확실할 때는 추정해서 플레이스 합니다.

페널티 없음 | 맞힌 쪽은 그대로 플레이

---

45. 2명이 동시에 친 볼이 맞았다

일반 구역에서 움직이고 있는 볼이 움직이는 볼에 맞은 경우, 플레이어는 2명 모두 페널티가 없고 볼이 부딪쳐 멈춘 '있는 그대로의 상태'로 플레이를 계속합니다. 어느 쪽이 먼저 쳤는지는 관계없습니다.

페널티 없음 | 두 명 모두 그대로 플레이

GENERAL AREA

 46. 볼에 달라붙은 풀들을 제거했다

1벌타 ▶ 그대로 플레이

연일 비가 와서 코스가 젖었다. 볼에 달라붙은 풀이 거슬려 볼은 만지지 않고 살짝 제거하고 플레이했다…….

풀은 일반적으로 루스 임페디먼트지만 볼에 달라붙은 것은 제거할 수 있습니다. 젖어서 볼에 달라붙은 풀을 제거하면 1벌타를 받습니다.

 47. 리플레이스하기 전에 볼의 밑에 있던 가랑잎을 제거했다

1벌타 ▶ 그대로 플레이

가랑잎 등의 루스 임페디먼트는 어디서도 페널티 없이 제거가 가능하지만 이때 볼이 움직이면(그린 위가 아닌 곳에서는) 1벌타를 받고 볼은 리플레이스입니다.

리플레이스하기 전에 '볼이 멈춰 있을 때 움직여서 볼을 움직인 원인이 되는' 가랑잎을 고의로 제거하면 1벌타를 받습니다. 가랑잎을 제거하고 싶을 때는 볼을 줍기 전 또는 리플레이스한 후에 제거하면 페널티는 없습니다. 즉, 볼 주변의 가랑잎은 제거할 수 있지만 볼의 바로 밑에 있는 가랑잎은 (페널티 없이는) 제거할 수 없는 것이죠.

루스 임페디먼트 Loose Impediments

루스 임페디먼트란 '고정되어 있지 않은 자연물'을 말합니다. 바위, 나뭇잎, 솔방울, 나뭇가지, 분리된 풀, 동물 사체 및 분뇨, 벌레와 곤충이 지상에 내뱉은 것, 개밋둑 및 거미집 등입니다.
고정된 것, 생장하고 있는 것, 땅에 단단히 박혀 있는 것, 볼에 붙어 있는 것은 제외합니다. 흩어진 흙 및 모래, 안개, 서리, 물은 루스 임페디먼트가 아닙니다.

루스 임페디먼트는 코스 위나 코스 밖 어디든 페널티 없이 자유로운 방법으로 제거 가능합니다. 그러나 루스 임페디먼트를 제거할 때 공이 움직이면 1벌타를 받습니다. 볼은 리플레이스 합니다. 단, 그린 위와 티잉 구역에 한하여 루스 임페디먼트를 제거할 때 볼이나 볼 마커가 움직여도 페널티 없이 할플레이스할 수 있습니다.

GENERAL AREA

48. OB의 흰 말뚝이 방해되어 뺐다

2벌타 — 플레이 전에 돌려놓으면 페널티는 면제

볼이 OB 말뚝 바로 옆에 멈췄다. 하얀 말뚝이 거슬려 뺐다면, OB 경계를 정하는 인공물(OB 말뚝 및 OB 펜스)은 '경계물'이라고 하며 페널티 없는 구제는 없습니다. OB의 흰 말뚝은 노란 말뚝 및 빨간 말뚝(장해물)과 다르기 때문에 빼는 것도 움직이는 것도 해서는 안 됩니다! 빼서 플레이하면, '의도한 스탠스 구역, 라이 개선'의 위반이 되어 2벌타를 받습니다.

단, 경계물의 흰 말뚝은 제거하거나 움직여서 각도를 바꾼 경우, 플레이하기 전에 원래대로 돌려놓으면 페널티는 면제됩니다. 그러나 파기하거나 하여 '원래대로 돌려놓을 수 없는' 경우는 '일반 페널티'인 2벌타가 부과됩니다.

2019 Rule — OB 말뚝은 움직이면 안 되지만 플레이 전에 원래대로 돌려놓으면 페널티는 없다

● 그린까지 남은 거리, 100야드 및 150야드를 표시하는 '야디지 말뚝'은 '움직일 수 있는 장해물'이기 때문에 구제를 받을 수 있습니다.(→P85). 플레이 전에 빼도 OK이지만, 다 쳤다면 반드시 원래 상태로 돌려놓아야 합니다.

일반 구역 PART3

Check The Rule — 말뚝의 색 의미를 알면 조치는 간단!

4가지 색의 말뚝

노란 페널티 구역

볼이 들어가면 1벌타로 구제되는 구역. 2019년 룰 개정으로 연못, 바다, 개천, 배수구 등의 구역에 잡목림 및 숲, 사막 및 용암지대가 추가됐습니다. 구제에는 2가지 선택지가 있음(→P128).

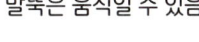 말뚝은 움직일 수 있음

빨간 페널티 구역

볼이 들어가면 1벌타로 구제되는 구역. 2019년 룰 개정으로 노란 페널티 구역 구제의 2가지 선택지에 '측면'의 2클럽 길이 구제 구역이 추가됐습니다(→P129).

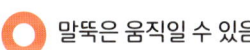 말뚝은 움직일 수 있음

수리지

잔디를 수리하거나 키우는 중인 장소에서 플레이 금지. (파란) 말뚝 또는 하얀 선으로 둘러싸인 구역에서 페널티 없이 구제를 받을 수 있습니다. 쌓인 잔디도 수리지가 됩니다 (→P93~94).

 말뚝은 움직일 수 있음

OB(아웃오브바운즈)

코스 경계의 바깥 구역에 볼이 들어가면 플레이는 금지. 1벌타로 원지점에서 다시 치거나 2벌타로 페어웨이에서 플레이할 수 있습니다. 흰 말뚝은 '경계물'입니다(→p78, P58~59).

 말뚝은 움직일 수 없음

79

GENERAL AREA

49. 카트 도로에 볼이 멈췄다. 어쩌면 좋지?

페널티 없음 — **구제받고 드롭**

카트 도로는 '움직일 수 없는 장해물'입니다 (→P85). 볼이 카트 도로에 멈추거나 스탠스가 카트 도로에 걸릴 때는 페널티 없이 구제를 받을 수 있습니다.

카트 도로에 볼이 멈췄을 때, 완전한 구제의 니어리스트 포인트(기점)의 후보는 반드시 2개 있는데 주의할 점은 '볼을 칠 수 있는' 가장 가까운 지점이라는 것입니다. 볼 B의 경우라면 우측 ③, 볼 C라면 좌측 ④쪽이 원래 위치에 가까운 기점입니다. 중앙의 볼 A의 경우에는 ①, ②가 좌우 같은 거리로 보이지만 스탠스를 생각해 보면 좌측의 ②가 기점이 됨을 알 수 있습니다. 여기서 1클럽 길이 이내의 '구제 구역'에 드롭합니다. 볼은 교환 가능합니다.

드롭된 볼은 기점과 같은 일반 구역 내에서 기점보다 홀에 가까워지지 않고 구제 구역 안에 멈춘 볼이 인플레이가 됩니다.

2019 Rule — 구제를 받을 때는 언제든 볼을 바꿀 수 있다

일반 구역   PART3

Check The Rule — 완전한 구제의 니어리스트 포인트를 찾는 바른 방법

Case 1 '볼에서 가까운 곳'이 아님

**가볍게 생각하고 옆 잔디에 놓아서는 안 된다!
도로 폭 및 스탠스를 생각해서 정하기**

❶ 페널티 없이 볼을 주워서 홀에 가까이 가지 않고 이 장해를 피해서 클럽을 휘두를 수 있는 원래 볼에 가장 가까운 지점에 '완전한 구제의 니어리스트 포인트(기점)'을 정합니다.

❷ 기점과 동일한 (일반)구역 안에서 기점으로부터 1클럽 이내로 기점보다 홀에 가까워지지 않는 구제 구역에 볼을 드롭합니다.

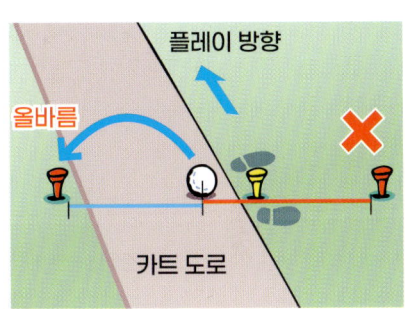

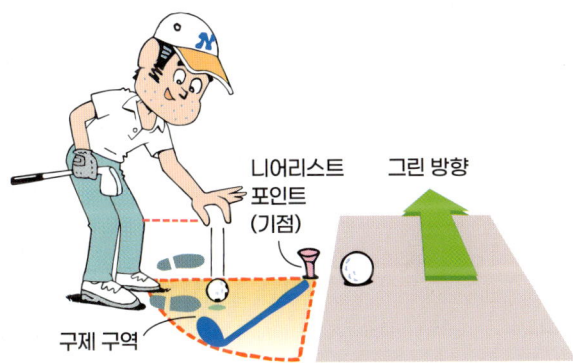

Case 2 한쪽이 경사면일 때

싫다고 맘대로 반대 측에 내려 놓는 것은 룰 위반

카트 도로는 페어웨이의 끝에 있고 한쪽이 경사면인 경우도 많습니다. 가령 급경사면에서 스탠스를 취하기 어려워도 규정상 니어리스트 포인트는 경사면쪽이 됩니다. 반대쪽은 안 돼요!

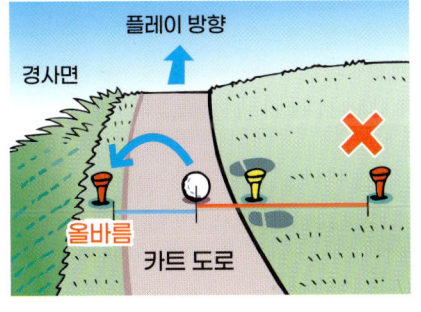

● 니어리스트 포인트(기점)에서 1~2클럽 길이의 구제 구역을 정하는 클럽은 자신이 가진 클럽에서 가장 긴 클럽(드라이버)를 사용합니다.

GENERAL AREA

50. 입목의 버팀목에 볼이 멈췄다

경사가 있는 러프로 쳐서 굴러간 볼이 입목의 버팀목에 가까이 가서 멈췄다. 버팀목이 방해되어 칠 수 없다. 어디로 드롭하면 좋을까?

페널티 없음 → **구제받고 드롭**

입목의 버팀목은 '움직일 수 없는 장해물'이기에 구제를 받을 수 있습니다. 먼저, 다음에 사용할 클럽을 갖고 버팀목을 피해서 클럽을 휘두를 수 있는 장소에 대략적인 스탠스 위치를 정합니다. 그리고 원래의 볼 위치에서 홀에 가까이 가지 않고 장해를 피할 수 있는 가장 가까운 지점에 '구제의 니어리스트 포인트'를 정하고(티 등으로 마크를 하고) 거기서 1클럽 길이 이내의 구제 구역에 드롭합니다.

니어리스트 포인트를 정하고 구제 구역에 드롭

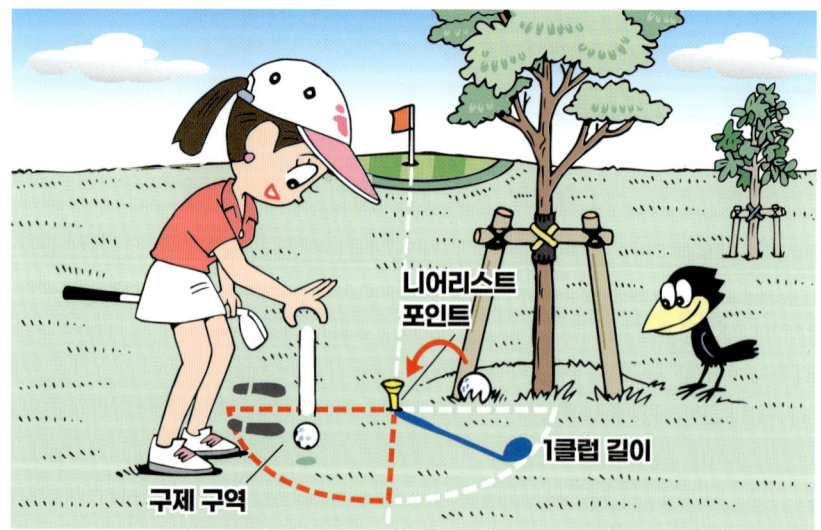

51. 볼은 나무뿌리에서는 칠 수 없고 나무 버팀목에서는 상황에 따라 가능하다

| 페널티 없음 | 그대로 플레이 | 1벌타 | 언플레이어블의 조치 |

'버팀목이 있으니 스탠스를 취할 수 없어 1클럽 길이의 구제다. 럭키!'라며 자신에게 유리한 구제를 할 수는 없습니다.

버팀목(움직일 수 없는 장해물)이 없었다고 해도 분명히 스트로크를 할 수 없는 경우는 구제되지 않죠. 따라서 이 경우에는 페널티 없이 그대로 치지만 1벌타로 언플레이어블 조치를 할 수밖에 없습니다(→P96~99, 105).

● 구제 완료……올바른 방법으로(플레이어 본인이 무릎 높이에서 바로 밑으로) 드롭하고 구제 구역 내에 볼이 멈췄을 때 구제가 완료된 것이 됩니다.

GENERAL AREA

 **52 배수구에 볼이 들어갔다**

페어웨이는 양측이 낮은 능선으로 코스와 평행하여 U자 배수구가 배치되어 있다. 물이 없는 배수구지만 '움직일 수 없는 장해물' 구제를 받아 플레이했다.

페널티 없음 　**구제의 드롭**

U자 배수구는 물 구역이지만 철 격자 배수구 등과 동일하게 '움직일 수 없는 장해물'로 구제 됩니다. 일반 구역에서 볼이 배수구로 들어간 경우에는 페널티 없이 볼을 주워 홀에 가까워지지 않고 그 장해물을 피해 클럽을 휘두를 수 있는 원래의 볼에 가장 가까운 지점에 기점을 구하여 표시하는 티를 꽂습니다. 거기서 1클럽 길이 이내로 기점보다 홀에 가까워지지 않는 구제 구역에 볼을 드롭합니다.

일반 구역 PART3

Check The Rule
장해물 Obstructions

장해물이란 인공물로 '움직일 수 있는 장해물'과 '움직일 수 없는 장해물'로 나뉩니다. 상식적으로 이 장해물 및 코스를 '손상하지 않고'서 '움직일 수 있는' 것은 '움직일 수 있는 장해물'이고, 그 이외에는 '움직일 수 없는 장해물'이 됩니다.

● 움직일 수 있는 장해물   페널티 없이 제거할 수 있음

움직일 수 있는 장해물은 코스 위 및 코스 바깥 어디서도 페널티 없이 제거할 수 있고 그 방법은 자유입니다. 제거할 때 볼이 움직여도 페널티는 없고 그 볼은 리플레이스 해야 합니다.

볼이 장해물 위 또는 안에 있을 때는 볼을 주워서 이 볼의 바로 밑의 지점을 기점으로 1클럽 길이의 '구제 구역'에 드롭(그린은 플레이스)하여 페널티 없는 구제를 받을 수 있습니다. 주운 볼은 닦을 수 있습니다.

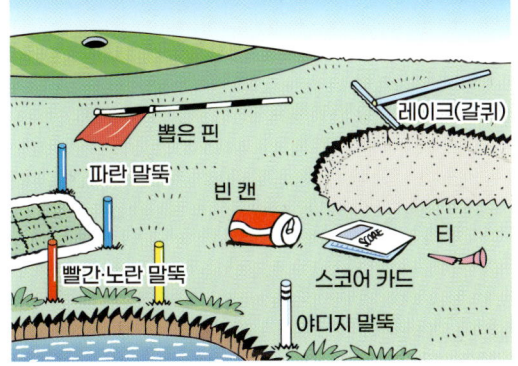

● 움직일 수 없는 장해물   스탠스나 스윙을 방해할 때는 페널티 없이 구제됨

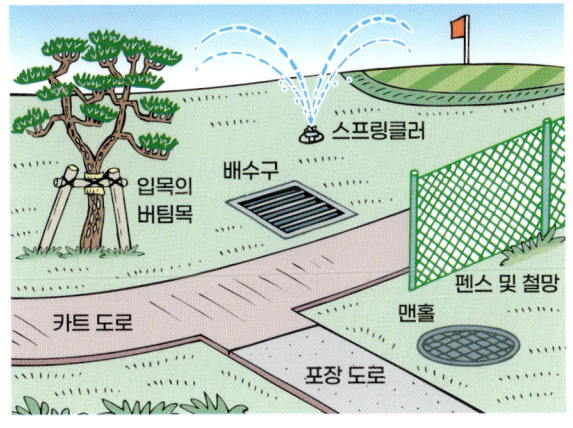

GENERAL AREA

53 경사면에서 드롭한 볼이 두 번 드롭해도 멈추지 않는다

페널티 없음 ▶ **플레이스**

구제의 경우, 드롭한 볼은 반드시 '구제 구역' 안에 멈춰야 합니다(→P90). 무릎 높이에서 드롭했지만 경사면이 너무 급해 두 번 드롭해도 멈추지 않는다면 드롭은 2번까지이므로 2번째 볼이 떨어진 지점에서 홀에 가까이 가지 않는 곳에 볼을 두면, 즉 플레이스 하면 OK입니다(→P71).

플레이스 해도 멈추지 않을 때는 다시 플레이스 합니다. 2번째 플레이스에서 멈추지 않았을 때는 홀에 가까이 가지 않고 볼이 멈추는 가장 가까운 지점에 플레이스 합니다.

> **2019 Rule** 드롭은 어깨 높이에서가 아니라 무릎 높이로 바뀌었다.

● 드롭을 3번 함……무릎 높이에서의 드롭은 2회까지이므로 3회까지 했는데도 멈추지 않는 볼을 플레이하면 '잘못된 장소에서의 플레이'로 2벌타를 받습니다.

일반 구역　PART3

54. 드롭한 볼이 구역 바깥에 멈췄다

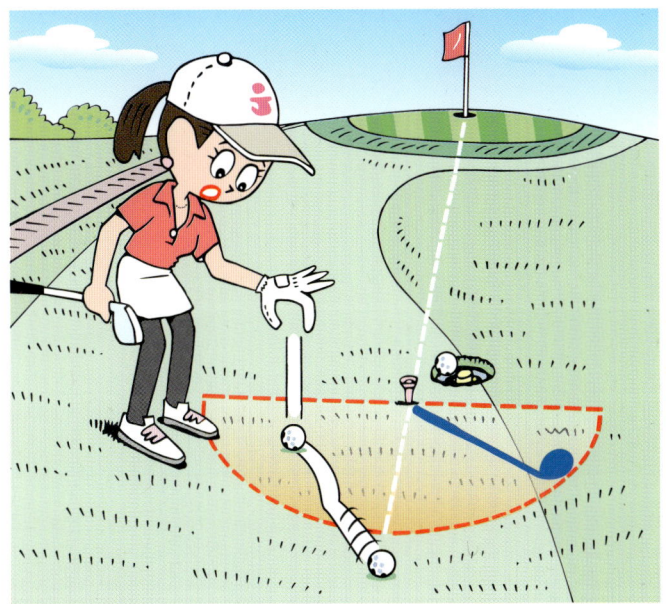

스프링클러는 '움직일 수 없는 장해물'이므로 페널티 없이 구제를 받고 구제의 니어리스트 포인트에서 좌우 1클럽 길이의 '구제 구역'에 드롭했다. 하지만 볼이 굴러서 구역 바깥에 멈췄다면?

이 경우에는 재드롭하고 구제 구역에 볼이 멈추면 그대로 플레이합니다. 2회차도 구역 바깥에서 멈췄을 때는 2회차 드롭이 떨어진 지점에서 홀에 가까이 가지 않는 곳에 볼을 플레이스 하고 플레이합니다.

페널티 없음 — 재드롭

2019 Rule
① 드롭 → ② 재드롭 → ③ 플레이스 → ④ 재플레이스 → ⑤ 멈추는 곳에 플레이스 하기

● 볼 교환……드롭을 필요로 하는 구제를 받았을 때는 (페널티 유무와 관계없이) 언제든 다른 볼로 교환할 수 있습니다.

GENERAL AREA

55 드롭했더니 발에 맞았다

페널티 없음 — 그대로 플레이

드롭했더니 볼이 굴러 플레이어 발에 닿았다. 볼이 지면에 떨어진 후, 우연히 플레이어의 몸 또는 용구에 맞고 볼이 구제 구역 내에 멈춘 경우에는 볼이 멈춘 위치에서 인플레이가 되고 페널티 없이 그대로 플레이가 됩니다(→P90).

볼이 지면에 떨어지기 전에 플레이어의 몸이나 용구에 직접 닿은 경우에는 '잘못된 드롭'이기 때문에 2회 드롭 횟수에 포함되지 않고 닿지 않을 때까지(몇 번이나) 드롭할 수 있습니다.

2019 Rule 드롭된 후, 우연히 무언가에 닿아도 멈춘 위치에서 인플레이

● 볼 마커······'마커'는 볼을 원래의 지점으로 리플레이스하는 표시 등에 사용하는데 그린 이외의 곳에서 마크할 때는 뽑기 쉬운 '티'를 추천합니다.

일반 구역　PART3

56. 마크하지 않고 볼을 주워 드롭했다

페널티 없음　**그대로 플레이**

　입목의 버팀목에서의 구제에서 볼을 적당히 주워 마크도 하지 않고 드롭했다면, 드라이버가 현장에 없었기에 드라이버로의 계측을 생략한 것이지만 플레이어가 (드라이버 길이를 제대로 인식하고) 성실히 1클럽 길이 이내의 구제 구역에 드롭하고 볼이 구역 내에 멈추면 문제 없습니다.

　또한, 니어리스트 포인트(기점의 마크)는 리플레이스를 요하는 경우에는 필요하지만 이 경우에는 마크해도 좋지만, 필수는 아닙니다. 근처에 색이 변한 풀 등을 표식으로 삼아도 좋습니다.

2019 Rule　구제 구역을 계측하는 클럽은 드라이버

GENERAL AREA

Check The Rule

올바른 드롭 방법

'무릎 높이'에서 드롭한다

드롭은 볼을 인플레이할 의도를 바탕으로 무릎 높이에서 볼을 놓아야 합니다. 동시에 아래 3 요건을 충족해야 합니다.

① 플레이어 본인이 한다.
② 볼은 '무릎 높이'에서 바로 밑으로 플레이어의 몸이나 용구에 닿지 않고 지면에 드롭한다.
③ 볼은 구제 구역 안에 드롭하고 멈춘다.

구제 구역에 멈춘 볼이 인플레이가 되다

● 볼을 바로 밑으로 떨어뜨릴 것. 볼을 던지거나 회전하거나 굴려서는 안 됩니다.
● 볼이 지면에 떨어지기 전에 플레이어나 캐디, 용구(클럽) 및 캐디 백에 맞지 않을 것. 볼이 코스 위로 떨어지기 전에 이러한 것들에

닿았을 때는 닿기 전까지 서는 위치 등을 바꿔서 재드롭 할 수 있습니다.
● 올바른 방법으로 드롭한 볼은 지면에 떨어지기 전에 아무것에도 닿지 않으면 땅에 떨어진 후에는 사람이나 물건에 닿아도 문제 되지 않으며, 구제 구역 내에 볼이 멈췄을 때 구제는 완료됩니다.

잘못된 드롭을 한 경우

드롭 1회, 재드롭 1회, 그래도 안 되면 플레이스

플레이어가 왼쪽 페이지의 3개의 사항을 위반해서 '잘못된 드롭'을 한 경우, 올바른 방법으로 다시 드롭해야 하기에 여기에는 횟수의 제한이 없습니다. '잘못된 드롭'을 정정할 드롭 횟수는 '2회 드롭→플레이스'에는 포함되지 않습니다. '잘못된 방법'으로 드롭한 볼을 정정하지 않고 플레이한 경우, 볼이 구제 구역 안이었을 때는 1벌타를 받고, 구역 바깥이거나 드롭해야만 하는데 잘못해서 플레이스 하고 플레이하면, 일반 페널티(2벌타)를 받습니다.

① 드롭→ ② 재드롭→ ③ 플레이스→ ④ 재플레이스→ ⑤ 멈추는 곳에 플레이스 하기

● 볼이 구제 구역 밖에 멈췄을 경우, 2번째 드롭을 합니다. 볼이 다시 구역 밖이면 그 볼이 최초 지면에 닿은 지점에 플레이스 합니다. 플레이스 한 볼이 멈추지 않는 경우는 2번째 플레이스를 합니다. 그래도 안 멈추는 경우에는 볼이 멈추는 가장 가까운 지점에 플레이스 합니다.

Check The Rule — 올바른 리플레이스 방법

'리플레이스'란 볼을 인플레이할 의도를 갖고 (같은) 공을 (원래의) 지면에 두는 것.

● 리플레이스하려 했는데 볼이 멈추지 않았을 때는 다시 리플레이스 합니다. 2번째 리플레이스에서 볼이 안 멈췄을 때는 그 볼이 멈추는 가장 가까운 지점에 볼을 둠으로써 '리플레이스'합니다.

GENERAL AREA

 **볼이 페어웨이의 물웅덩이 안에 멈췄을 때**

페널티 없음 | **비정상적인 코스 상태에서의 구제**

코스 위의 일시적인 물웅덩이는 '비정상적인 코스 상태'로 구제를 받을 수 있습니다 (→P94~95). 볼을 페널티 없이 주워 홀에 가까이 가지 않는, 구제의 니어리스트 포인트에서 1클럽 길이 이내의 '구제 구역'에 드롭할 수 있습니다. 구제를 받지 않고 그대로의 상태로 플레이해도 괜찮습니다. 볼은 교환할 수 있습니다.

 **질척거리는 곳에 볼이 빠져서 구제의 드롭을 했다**

1벌타 ▶ **리플레이스**

흙탕물이 튈 만큼 수분이 많은 질척이는 지면에서도 물웅덩이가 없으면 일시적인 물웅덩이가 되지 않아 구제는 받지 못하고 그대로 플레이할 수밖에 없습니다.

잘못 주운 것은 정정해서 리플레이스하면 (볼을 움직인) 1벌타로 끝나지만, 드롭한 볼을 그대로 플레이하면 일반 페널티(2벌타)를 받습니다.

일반 구역   PART3

59 수리지의 하얀 선 위에 볼이 멈췄다

하얀 선은 '수리지(비정상적인 코스 상태)'에 포함되어 여기에 닿은 볼은 수리지 안의 볼로 페널티 없이 구제받을 수 있습니다 (→P94).

그대로 치고 싶을 수도 있지만 수리지 보호 때문에 로컬룰로 플레이를 금지하는 경우가 많습니다. 흰 선의 경우에는 스탠스가 흰 선에 걸려도 위반인 2벌타를 받기에 주의가 필요합니다.

페널티 없음 | 비정상적인 코스 상태에서의 구제

구제를 받는 경우는 홀에 가까이 가지 않고 그 장해를 피해 클럽을 휘두를 수 있고 원래 볼에 가장 가까운 니어리스트 포인트(기점)을 정하고 거기서 1클럽 길이 이내인 '구제 구역'에 드롭합니다.

60 공이 두더지 구멍 가까이 멈췄다

페널티 없음 | 비정상적인 코스 상태에서의 구제

그대로 플레이해도 되지만 두더지 등 동물들이 파놓은 구멍은 '비정상적인 코스 상태'에 의한 장해로 구제를 받을 수 있습니다 (→P95). 장해를 피해서 칠 수 있는 곳에서 1클럽 길이 이내로 홀에 가까이 가지 않고 같은 일반 구역 안에 드롭합니다. 단, '불합리한 스탠스 및 플레이 방향'을 취하여 장해를 만드는 것 같은 구제의 확대 해석은 허용되지 않습니다.

GENERAL AREA

Check The Rule — 비정상적인 코스 상태 Abnormal Course Conditions

'비정상적인 코스 상태'란 ① 일시적인 물, ② 수리지, ③ 동물이 파놓은 구멍, ④ 움직일 수 없는 장해물, 이 4가지 상태를 말합니다.

● 볼이 비정상적인 코스 상태에 닿거나 그 안에 있는 경우나 ● 비정상적인 코스 상태가 스탠스 및 의도하는 스윙의 장해가 되는 경우에는 페널티 없이 드롭의 구제를 받을 수 있습니다. ● 그린 위에 한하여 플레이 선 위에 비정상적인 코스 상태가 있는 경우에는 페널티 없이 구제를 받을 수 있습니다. 원래의 볼 또는 다른 볼을 구제의 니어리스트 포인트에 플레이스 합니다.

① 일시적인 물

스탠스를 취하기 전이나 취한 후에 보이는 코스 위의 일시적인 물웅덩이. 페널티 구역 안의 물이나 안개 및 서리는 일시적인 물이 아닙니다. 눈과 자연의 얼음은 플레이어는 일시적인 물, 또는 루스 임페디먼트의 구제를 선택할 수 있습니다(→P77, 92, 158).

② 수리지

파란 말뚝이나 흰 선으로 표시된 곳. 수리지 안의 모든 지면과 풀, 관목, 수목은 수리지에 포함되며 이에 닿는 볼은 수리지 안의 볼이 됩니다. 흰 선 위는 수리지 내, 파란 말뚝은 수리지 안쪽에 있습니다. 나중에 이동하기 위해 쌓여있는 잔디 및 가지는 수리지에 포함됩니다(→P93).

③ 동물이 파놓은 구멍

인간 이외의 동물이 지면에 판 구멍. 즉, 포유류, 조류, 파충류, 양서류 등이 파놓은 코스상의 구멍으로, 파거나 퍼낸 흙이나 지나간 길, 솟아오른 지면, 그 구멍으로 통하는 동물의 길 또는 흔적도 포함됩니다. 단, 루스 임페디먼트의 지렁이 및 곤충의 구멍은 제외합니다(→P77, 93).

④ 움직일 수 없는 장해물

움직이는 데 큰 노력이 필요하고 장해물 및 코스를 부수지 않고 움직일 수 없는 인공물을 말합니다. 카트 도로 및 펜스, 배수구 및 스프링클러, 입목의 버팀목이나 피난소, 화장실 등(→P85).

비정상적인 코스 상태에서의 구제

볼이 페널티 구역 이외의 코스 위에 있는 경우, 각각의 구역에서 구제를 받을 수 있습니다. 볼은 바꿀 수 있습니다.

●일반 구역의 볼 구제

같은 구역 내 기점에서 홀에 가까이 가지 않는 1클럽 길이 이내의 '구제 구역'에 (페널티 없이) 드롭할 수 있습니다. '비정상적인 코스 상태'에서 완전 구제인 것이죠.

●벙커의 볼 구제

마찬가지로 벙커 안에 구제 구역을 찾아 드롭합니다. 단, 벙커의 경우는, 1벌타로 벙커 바깥으로 빼서 드롭할 수 있는 추가 선택지가 있습니다(→P126).

●퍼팅 그린의 볼 구제

마찬가지로 그린 위의 구제 구역을 찾아 플레이스 합니다.

GENERAL AREA

61 나무 밑에 멈춰서 칠 수 없다

무리해서 다치기보다는 언플레이어블!

플레이어는 (페널티 구역 이외에서는) 언제든 어디서든 자유롭게 언플레이어블의 볼 구제를 받을 수 있습니다. 단, 아래의 CHOICE ②와 ③은 원래 볼의 소재 확인이 필요합니다. 주운 볼은 교환하거나 닦을 수 있습니다. CHOICE ①~③의 선택지 안에서 자신이 치기 쉽다고 생각하는 지점에서 플레이할 수 있습니다.

CHOICE ③의 기점은 니어리스트 포인트가 아니라 볼에서 2클럽 길이 이내의 '구제 구역'이므로 주의합니다. 그림은 오른쪽 페이지.

벙커 안에서 ②, ③을 고를 때는 벙커 안에 드롭하는데 2벌타를 받고 벙커 바깥에 드롭할 수 있는 룰이 추가됐습니다(벙커의 언플레이어블→P124~125).

1벌타 — 3가지 선택지에서 고르기

CHOICE 1
이전 타구 지점으로 돌아가 다른 볼을 구제 구역에 드롭할 수 있다. 이전 위치가 티 구역이라면 티업할 수 있다.

CHOICE 2 (New Rule)
홀과 볼을 잇는 후방선 위에 드롭하고 어떤 방향으로도 1클럽 이내에 볼이 멈추면 구제 완료. 자신 있는 거리까지 돌아갈 수 있다.

CHOICE 3
측면 구제한다. 볼에서 2클럽 길이의 구제 구역에 드롭할 수 있다. 볼보다 홀에 가까워지는 것은 안된다.

일반 구역 PART3

Check The Rule
언플레이어블의 3가지 선택지

1. 이전 타구 지점을 기점으로 한 구제 구역에 드롭하고 다시 치기

2. 홀과 볼을 잇는 후방선 위에 볼을 드롭하고 1클럽 이내의 원 안에 멈추면 OK

3. 측면 구제한다. 볼에서 2클럽의 구제 구역에 드롭할 수 있다.

GENERAL AREA

62. 볼은 나무뿌리에 있는데 스탠스가 카트 도로에 걸린다

페널티 없음 — 이어서 플레이

1벌타 — 언플레이어블

 나무뿌리 사이에 볼이 끼어 칠 수 없는 데다가 스탠스를 취하면 발이 카트 도로에 걸려 페널티 없이 구제를 받고 싶은데 어떻게 해야 하나요?
 우선, 나무뿌리의 볼에 구제는 없습니다. 그리고 카트 도로에 대해서는 볼이 플레이할 수 있는 상태일 때 카트 도로에 스탠스가 걸릴 경우에는 페널티 없이 구제를 받을 수 있지만 볼이 나무뿌리로 플레이할 수 없을 때 구제는 받을 수 없습니다. 그대로 플레이하거나 1벌타로 언플레이어블 조치가 됩니다.

63. 볼을 위에서부터 내리쳤더니 연약한 지면이 깊이 들어갔다

1벌타 — 언플레이어블 조치

 이 케이스는 언플레이어블밖에 없습니다. 볼이 낙하하여 지면에 깊이 들어갔을 때(피치 마크)는 페널티 없이 구제되지만, 이 볼은 공중에 뜨지 않았기에 이 구제는 받을 수 없습니다(→P99 칸 하단 참조). 혼동하지 않도록 주의합시다. P96의 CHOICE③ '볼에서 2클럽 길이 이내에 드롭'을 적용할 수 있습니다.

일반 구역 PART3

Check The Rule — 언플레이어블을 잘 사용하는 법

Case 1 — 티샷이 골짜기 밑으로
티업해서 치기

티샷이 골짜기 밑으로 떨어졌는데 볼은 보이니 세이프입니다. 하지만 허리가 좋지 않아 골짜기를 오르내리기가 힘든 경우나 올려 치는 것을 잘 못 하는 사람은 1벌타로 이전 타구 위치의 티 구역으로 돌아가서 치는 것이 상책입니다. 티 구역에 한하여 티업 할 수 있습니다.

Case 2 — 깊은 러프 및 숲
좋아하는 거리에서 치기

클럽을 넣을 수 없는 깊은 러프 및 숲에 들어갔다. 볼과 홀을 잇는 후방선 위라면 돌아갈 수 있는 거리는 자유이니 치기 쉬운 거리까지 내려가 기점에서 1클럽 이내의 구제 구역에 드롭하고 치는 것이 유리합니다.

Case 3 — 나무뿌리
칠 수 있는 장소로 빼서 치기

지면에 뿌리를 내린 큰 나무의 밑동이나 숲속에서 클럽을 휘두를 수 없게 되거나 키 작은 나무 아래에 볼이 들어가 칠 수가 없습니다. 이 경우, 치기 쉬운 장소가 바로 가까이에 있다면 1벌타로 기점(볼)에서 홀에 가까이 가지 않는 2클럽 이내에 드롭하여 칩시다.

● 지면에 깊이 들어간 볼……일반 구역에서 스트로크한 결과, (공중을 난) 볼이 지표보다 아래로 들어간(=피치 마크) 경우에는 페널티 없이 구제됩니다. 볼의 바로 뒤에서 1클럽 이내의 구제 구역에 드롭합니다.

GENERAL AREA

64. 두 번 치기는 어떤 페널티?

러프의 경사면에서 친 볼이 공중에 있을 때, 클럽 헤드에 다시 맞았다면?

페널티 없음 / 그대로 플레이

1스트로크 중 클럽이 우연히 볼에 2회 이상 맞은 것이 '두 번 치기'인데 그대로 플레이합니다.

두 번 치기는 예전 룰에서는 1벌타였지만 우연한 불가항력에 페널티를 부과할 필요는 없다 하여 1회 스트로크만으로 카운트하여 페널티가 없게 됐습니다.

이는 2019년 개정 룰인 '때린 볼이 자기 및 다른 사람 또는 그 용구, 동물 및 인공물에 우연히 맞아도 페널티는 없고 볼은 멈춘 곳에서 플레이한다'와 같은 콘셉트입니다.

2019 Rule 두 번 치기의 페널티가 없어졌다

일반 구역   PART3

65 OB 볼을 쳤다

3벌타 OB의 이전 타구 지점에서 다시 치기

볼이 OB 구역에 들어갔는데 OB 말뚝을 못 보고 발견한 볼을 플레이하고 말았다면, OB인 볼을 플레이하면 '오구'로 2벌타가 됩니다. 단, 오구의 페널티는 이 2벌타만으로 오구를 스트로크한 횟수는 카운트되지 않습니다.

이 경우 플레이어는, 오구의 2벌타에 OB 1벌타를 더해 합계 3벌타로 OB를 친 이전 타구 지점으로 돌아가 볼을 구제 구역에 드롭해서 치면 괜찮습니다. 이전 타구 지점이 티잉 구역이라면 티업할 수 있습니다.

Check The Rule

오구 **Wrong Ball**

'오구'란 다음 ①, ②, ③ 이외의 모든 볼을 말합니다.

① 플레이어의 인플레이 볼, ② 플레이어의 잠정구(→P50), ③ 스트로크 플레이로 룰에 기반하여 플레이한 제2의 볼.

따라서, 다음의 것은 '오구'가 됩니다.

● 다른 플레이어의 볼, ● 버려진 볼, ●연습 볼, ● OB존에 있는 볼, ● 분실구, ● 주워서 아직 인플레이가 되지 않은 볼.

● 오구……오구는 정정하지 않으면 실격이 됩니다. 플레이어는 언제든 '내 볼'에 표시를 해서 각각의 타마다 체크를 소홀히 하면 안 됩니다.

GENERAL AREA

 **66. 치기 전에 볼 바로 뒤의 잔디를 밟았다**

2벌타 ▶ 그대로 플레이

플레이 선을 개선하는 것은 할 수 없습니다. 일반 구역에서 스탠스를 취할 때 클럽 헤드를 지면에 아주 살짝 대는(솔하는) 정도는 허용되지만, 볼의 바로 뒤를 신발로 밟거나 클럽으로 잔디를 탁탁 누르는 것은 '의도한 스탠스, 스윙의 구역, 플레이 선의 개선' 위반으로 2벌타를 받습니다.

또한, 플레이 전에 모래땅의 라이나 모래로 볼록한 라이를 클럽으로 누르는 것 역시 '플레이 선의 개선'으로 2벌타가 되니 안 됩니다!

볼의 뒤를 밟거나 울퉁불퉁한 것을 고치는 것이 허용되는 것은 티잉 구역 위에서만입니다.

일반 구역 PART3

67. 연습 스윙으로 나뭇잎을 떨어뜨렸다

나무 밑에서 볼을 치려고 가볍게 연습 스윙을 하다가 나뭇잎을 몇 장 떨어뜨렸다면, 일러스트와 같이 나뭇잎이 아주 무성한 경우에는 나뭇잎이 몇 장 떨어져도 '스윙 구역의 개선'이 되지는 않기 때문에 페널티는 없습니다.

페널티 없음 → 그대로 플레이

---

68. 연습 스윙으로 나뭇가지를 부러뜨렸다

2벌타 → 그대로 플레이

단, 연습 스윙으로 나뭇잎이 많이 떨어지거나 나뭇가지가 부러진 결과, 스윙하기 쉬워진 경우에는 '스윙 구역의 개선'으로 2벌타를 받습니다. 참고로 스트로크에서는 나뭇잎을 떨어뜨리고 나뭇가지를 부러뜨려도 페널티를 받지는 않습니다.

● 볼의 위치가 불확실……볼을 움직여서 원래의 지점을 알 수 없게 되거나 불확실할 때는 추정하여 리플레이스 합니다. 예전 룰인 '드롭'에서 변경됐습니다. 리플레이스하지 않고 플레이하면 2벌타를 받습니다.

GENERAL AREA

OB 측에 있는 나뭇가지가 방해되어 부러뜨리고 플레이했다

볼은 일반 구역에 있지만 OB 쪽에 있는 나뭇가지가 머리에 닿아 스윙에 거슬려 방해되는 가지를 부러뜨리고 플레이했다면 이 경우, OB 안팎의 여부는 관계없습니다. OB는 플레이를 허용하지 않는 구역인데 스윙에 방해가 된다고 나뭇가지를 부러뜨리면 '의도한 스윙 구역의 개선' 위반이 되어 2벌타를 받습니다.

2벌타 — 그대로 플레이

뒤로 물러나 스탠스를 취했더니 작은 가지가 부러졌다

페널티 없음 — 그대로 플레이

등에 닿은 나뭇가지를 무리하게 꺾거나 부러뜨리거나 밟거나 하여 플레이하면 '스윙 구역의 개선'으로 2벌타를 받습니다.

단, 스탠스를 취할 때 '페어웨이' 나뭇가지를 등이나 팔로 밀거나 크게 휘게 하여 쳐도 그것 말고는 스탠스를 취할 방법이 없다면 뒷걸음질 친 결과, 작은 나뭇가지가 부러져도 페널티는 부과되지 않습니다.

● 스윙의 방해가 되는 나뭇가지……가지를 무리하게 굽히거나 부러뜨려서 플레이하는 것은 위반으로 2벌타이지만 '개선'해도 스트로크 전에 원상회복 가능하다면 페널티는 면제됩니다. 가지는 부러뜨리지 않고 살살 휘면 OK!

일반 구역   PART3

71 나무 위의 볼이 회수하기 어렵다

1벌타 ▶ 언플레이어블

높은 나뭇가지에 걸린 볼을 발견했고 표식으로 자신의 볼임을 확인했지만 회수할 수 없는 상황. 이 경우에는 1벌타를 받고 '언플레이어블'로 볼의 바로 밑 지점을 니어리스트 포인트로 하고 2클럽 길이 이내의 홀에 가까이 가지 않는 구제 구역에 드롭하여 플레이를 계속할 수 있습니다(→P97).

　자신의 볼인지 확인이 어려운 경우에는 나무를 흔들어도 괜찮습니다(볼의 확인 및 수색 중에는 페널티가 없으므로). 떨어진 볼이 자기 볼일 때에는 (움직인 볼을 나무 위로 할 플레이스할 수 없기에) 언플레이어블로 1벌타를 받고 낙하지점에서 2클럽 길이 이내에 드롭하고 플레이합니다.

　떨어진 볼이 자기 것이 아니었을 경우, 떨어지지 않는 경우, 또는 3분 이내 자기 볼을 찾지 못한 경우에는 분실구가 되어 ① 1벌타를 받고 이전 타구 지점으로 돌아가 다시 치거나 ② 2벌타로 분실 지점의 옆에서 홀에 가까이 가지 않는 페어웨이의 2클럽 이내의 구제 구역에 드롭하여 플레이를 계속할 수 있습니다(→P58).

GENERAL AREA

72 누구 볼인지 모르면 분실구

1벌타 ▶ 이전 타구 지점에서 다시 치기

2벌타 ▶ 페어웨이에 드롭

    2개의 볼이 서로 아주 가까운 거리에 있는데 브랜드도 번호도 같아 어느 쪽이 누구 볼인지 구별이 안 된다……. '볼을 찾기 시작하고 3분 이내에 발견되지 않거나 자기 볼인지 확인할 수 없는' 경우에는 로스트볼(분실구)로 2명 모두 새롭게 아래의 ① 또는 ②로 플레이를 다시 해야 합니다.

  ① 1벌타로 이전 타구 지점으로 돌아가 구제 구역에 드롭하고 다시 칩니다. 티잉 구역이라면 티업해도 OK.

  ② 2벌타로 (볼의 옆) 페어웨이에서 2클럽 길이 이내에 드롭하고 플레이합니다.

  매직 등으로 볼에 이름이나 표식을 해서 '내 볼'인지 한눈에 알아볼 수 있도록 합시다.

일반 구역 PART3

73 분실구 선언을 한 뒤 3분 이내 볼이 발견됐다

러프의 볼이 발견될 것 같지 않아서 분실구 선언을 하고 이전 타구 지점에 돌아가 드롭했더니 찾기 시작한 지 3분 안에 캐디가 첫 번째 볼을 찾았다.

볼을 찾는 3분 안으로는 마음대로 '분실구 선언'을 할 수 없기에 3분 이내에 볼이 발견된 경우에는 발견한 볼로 플레이해야 합니다.

그러나 이 경우에는 '스트로크와 거리의 페널티'에 기반하여 직전에 플레이한 지점으로 돌아가 드롭한 볼이 인플레이가 됩니다(→P53). 첫 볼은 인플레이가 되지 않고 1벌타를 받고 그 드롭한 볼로 플레이를 계속해야 하는 것이죠.

1벌타 드롭한 볼로 이어서 플레이

드롭한 뒤 3분 이내에 발견된 첫 볼로 돌아가 플레이하면 이제 인플레이하지 않게 된 볼을 치는 '오구'(→P101)가 되어 2벌타가 되므로 주의합시다.

GENERAL AREA

74. 티잉 구역에서 볼을 치고 연습했다

라운드 중의 '연습 스트로크'는 금지로 위반은 2벌타. 단 예외로 플레이를 지연시키지 않는 조건으로 ① 플레이를 막 끝낸 그린에서 퍼팅, ② 연습 그린, ③ 최초 또는 다음 홀의 티잉 구역 및 그 주변에서는 볼을 사용한 간단한 퍼팅 및 칩샷 연습은 허용됩니다.

페널티 없음 — 그대로 플레이

---

75. 홀 도중에 솔방울을 쳤다

솔방울이나 도토리 등 코스에 떨어져 있는 자연물을 라운드 이동 중에 클럽으로 쳐도 '연습 스트로크'가 아니므로 괜찮습니다.

페널티 없음 — 그대로 플레이

벙커
BUNKER

- 벙커에서 나뭇잎 및 솔방울을 제거한다
- 볼의 직전·직후는 만져서는 안 된다
- 플레이 후에는 벙커를 깨끗이

BUNKER

76 벙커 내의 솔방울을 제거했다

페널티 없음 ▶ **그대로 플레이**

볼이 벙커 안에 있을 때 '모래를 만져서는 안 된다'가 벙커의 기본으로 위반은 2벌타입니다. 이 원칙은 바뀌지 않았지만 2019년 룰 개정으로 '벙커 내의 약속'이 대폭 완화됐습니다.

즉, 벙커 내에 자신의 볼이 있을 때 나뭇잎이나 솔방울, 작은 돌이나 도토리 등의 '루스 임페디먼트(자연물)'를 자유롭게 제거할 수 있게 됐습니다.

또한 '움직일 수 있는 장해물'도 기존과 같이 제거 가능하기에(→P85) 결과적으로 모래 상태의 테스트나 라이의 개선(2벌타)만 하지 않는다면 벙커 내에서는 무엇이든 제거 가능한 것이 됩니다.

2019 Rule 벙커에서 솔방울 및 돌멩이를 제거할 수 있게 됐다

77  나뭇잎을 털어 냈더니 볼이 움직였다

1벌타 | **리플레이스**

벙커 안팎에 상관없이 나뭇잎이나 돌멩이, 바나나 껍질 등의 루스 임페디먼트는 코스 내의 어디에 있어도 제거할 수 있습니다(→P77). 단, 제거할 때는 볼을 움직이면 1벌타를 부과받습니다(그린 위는 제외). 움직인 볼은 원래 지점에 리플레이스 해야 합니다.

Check The Rule

벙커 안의 볼

볼의 일부라도 벙커 안쪽 모래에 닿으면 그 볼은 '벙커 안의 볼'입니다.

BUNKER

78. 자기 볼인지 확인하기 위해 볼을 주웠다

| 페널티 없음 | 확인하고 리플레이스 |

벙커 안의 볼이 반만 나와 있는 상태여서 자기 볼인지 확인할 수 없을 때는 자기 판단으로 볼을 주워서 확인할 수 있습니다. 주울 때는 반드시 마크하는데 다른 누군가에게 알릴 필요는 없습니다. 마크를 안 하면 1벌타.

볼이 더럽혀져 있다면 필요 최소한의 범위로 닦을 수 있는데 그 이상은 닦으면 안 됩니다. 닦으면 1벌타를 받습니다. 확인했다면 원위치로 리플레이스 합니다.

2019 Rule 볼의 확인이나 손상 확인으로 주울 때 누군가에게 고지할 필요는 없다

2019 Rule 볼의 확인이나 수색 중에 우연히 볼을 움직여도 페널티는 받지 않는다

79. 볼을 찾다가 나뭇잎 사이의 볼을 움직였다

페널티 없음 — 리플레이스

볼 수색 중에 나뭇잎에 파묻힌 볼을 움직여도 페널티는 부과되지 않습니다. 움직여진 볼은 원위치에 리플레이스하는데 이때, 주변 낙엽을 제거할 수 있습니다. 원위치를 알 수 없을 때는 '추정하여' 리플레이스 합니다. 리플레이스하지 않고 플레이하면 일반 페널티(2벌타)를 받습니다.

80. 볼이 모래에 파묻혀 보이지 않아 모래를 팠다

페널티 없음 — 원상태로 돌려놓고 플레이

볼이 모래에 파묻힌 경우, 확인하기 위해 볼의 일부가 보이는 정도로만 페널티 없이 모래를 제거할 수 있습니다. 이때 내 볼인지 아닌지 확인했다면 거기서 멈춰야 합니다.

확인 후에는 플레이하기 전에 모래를 원위치로 돌려놓습니다. 그대로 플레이하면 '라이의 개선'으로 2벌타. 볼의 일부가 보이면 괜찮습니다.

BUNKER

81 칠 때 볼 바로 뒤에 클럽을 솔했다

2벌타 — 그대로 플레이

　연습 스윙으로 모래에 닿거나 스트로크하기 직전, 볼의 바로 뒤에 클럽을 두면, 즉 솔을 하면 '고의로 모래에 닿은' 것으로 간주하여 2벌타를 받습니다. 벙커 내의 규제 완화로 볼에서 떨어진 곳의 벙커를 깨끗이 하기 위해 고르게 하거나 조금 기울여 모래에 닿는 것은 괜찮지만 스트로크 시에는 볼의 바로 앞과 바로 뒤에 클럽을 두는 것은 할 수 없습니다.

2019 Rule: 벙커에서는 볼의 바로 뒤에 클럽을 둘 수는 없습니다

82. 벙커 스윙할 때 뒤쪽 모래에 닿았다

2벌타 — 그대로 플레이

벙커 스윙으로 조금 모래에 닿았지만 그대로 샷을 하고 벙커 탈출에 성공했다! 하지만 아쉽게도 이는 스윙을 시작할 때 클럽이 모래에 닿았기에 2벌타가 부과됩니다.

'스트로크'의 정의는 '볼을 치는 의사를 갖고 ① 백스윙을 하고, ② 탑에서 전환하여, ③ 다운스윙하고, ④ 볼을 치고, ⑤ 팔로우 스루하는' 동작 중 ②에서 ⑤까지의 일련의 움직임을 말합니다. 벙커 샷이므로 이 사이에 모래에 닿는 것은 당연하기에 괜찮습니다.

문제는 치려고 자세를 잡았을 때나 ①의 백스윙을 할 때로 이 부분은 스트로크에 포함되지 않기에 클럽이 모래에 닿으면 2벌타를 받는 것입니다.

83. 연습 스윙으로 낙엽에 닿았다

페널티 없음 — 그대로 플레이

백스윙이나 모래에 닿지 않는 빈 스윙으로 낙엽에 닿아도 페널티는 없습니다.

낙엽이나 솔방울 등의 루스 임페디먼트는 언제나 손이나 클럽으로 제거하거나 움직일 수 있습니다.

BUNKER

84. 벙커 샷을 하기 전 모래에 발을 깊이 박았다

발을 그 자리에서 쓱쓱 좌우로 움직여 모래에 잘 박히게 할 수 있습니다. 스트로크하기 전에는 클럽을 솔하는 것이 금지돼 있기에 치기 전에 합리적인 범위에서 모래에 양발을 탄탄히 두는 것을 허용하기 때문입니다. 그러나 필요 이상으로 하는 것은 위반이 됩니다.

페널티 없음 ▶ 이어서 플레이

또한, 한 번 정한 스탠스가 무언가 조금 부족할 때, 그 스탠스를 풀고 발로 모래를 고르게 하고 다시 하면 '모래 테스트'로 간주하여 2벌타가 부과될 우려가 있으니 주의합니다.

85. 발로 경사면을 무너뜨리며 스탠스를 취했다

2벌타 ▶ 그대로 플레이

스탠스를 취할 때, 양발을 제대로 지면에 두는 것은 가능하지만 스탠스를 취하기 위해 벙커의 경사면을 발로 무너뜨리고 '스탠스의 자리를 만드는' 것은 할 수 없습니다. 위반하면 2벌타를 받습니다.

발은 좌우로 움직여 모래에 자리를 잡는 것은 괜찮지만 도가 지나치면 모래 테스트로 간주하여 2벌타를 받으니 정도껏.

86 치기 전 빈 스윙으로 클럽이 모래에 2~3회 닿았다

2벌타 — 그대로 플레이

볼이 벙커 안에 있을 때 빈 스윙으로 모래에 3회 정도 닿은 다음 원래의 스트로크를 했고, 보고 있던 동료가 '모래에 3회 닿았으니 1회 2벌타로 합계 6벌타죠'라고 말했다고 생각해 봅시다.

가끔 보는 트러블인데 플레이어가 '같은 또는 다른 규칙을 여러 번 위반한 경우의 조치'에 대하여 2023년 개정에서 처음으로 심플한 답이 나왔습니다. 즉, 복수의 규칙 위반 사이에 개재되는 사건이 있는가에 따라 페널티를 정합니다. 그리고 '개재되는 사건'을 ① 스트로크의 종료 또는 ② 위반을 알게 됐을 때, 이 2종류로 하여 이것으로 일단락 짓는 것으로 했습니다.

따라서 이번 케이스에서 플레이어는 빈 스윙으로 몇 번이나 모래에 닿았지만 스트로크가 1회이므로 2벌타가 부과됩니다.

예를 들어, 빈 스윙으로 여러 차례 모래에 닿은 후에 스트로크했지만 벙커 탈출에 실패한 후 다시 여러 번 모래에 마찰한 후 스트로크로 벙커 탈출에 성공한 경우, 2회 위반으로 2벌타+2벌타=4벌타가 됩니다.

New Rule | 복수의 규칙 위반에 대한 페널티의 적용

개재되는 사건 ① 스트로크의 종료 또는 ② 위반을 알게 됐을 때, 이 2종류로 일단락 짓습니다(→P68).

BUNKER

87. 벙커에서 스탠스를 취할 때 볼이 움직였다

멈춰 있던 볼이 움직인 경우, 플레이어 본인(또는 캐디)이 원인임을 알게 됐을 때는 1벌타를 받고 볼은 리플레이스 합니다. 그렇지 않은 경우에는 (바람, 물, 중력 등의) 자연의 힘이 원인으로 볼이 움직인 것으로 간주하여 페널티 없이 볼이 움직여 멈춘 위치에서 그대로 플레이를 계속할 수 있습니다(→P64~67).

| 1벌타 | 리플레이스 |
| 페널티 없음 | 그대로 플레이 |

New Rule

88. 벙커의 턱을 직격하여 볼이 흙벽에 파묻혔다

| 페널티 없음 | 지면에 파묻힌 볼을 구제 |

벙커 턱에서도 흙으로 된 벙커벽은 벙커 안이 아니라 일반 구역이므로 따라서 스트로크하여 파묻힌 볼은 '지면에 파묻힌 볼'의 구제를 받을 수 있습니다 (→P98).

볼의 바로 뒤에 일반 구역이 없는 경우에는 '홀에 가까이 가지 않는 가장 가까운 동일한 일반 구역을 기점으로 설정'하고 거기서 1클럽 이내에 드롭합니다.

벙커 PART4

 클럽을 핀 방향으로 향하게 놓고 쳤다

2벌타 그대로 플레이

 클럽이나 레이크, 타월, 파라솔 등을 지면에 두고 여기에 맞춰 스탠스를 잡는 것은 금지로 '플레이의 선'(→P141) 지시 위반으로 2벌타를 받습니다.
 이 페널티는 클럽을 둔 순간에 발생하며 스트로크하기 전에 클럽을 제거해도 페널티는 없어지지 않습니다. 클럽 등을 벙커 안에 둘 때는 주의합시다.

 사용하지 않는 클럽을 모래 위에 뒀다

 스트로크하기 전에 클럽을 모래에 솔하는 것은 위반이지만 사용하지 않는 클럽을 벙커 안에 두는 (던지는) 것은 허용됩니다. 하지만 클럽을 둠으로써 모래의 부드러움 등 상태를 테스트하는 것은 위반이 됩니다. 클럽은 배후에 두면 됩니다.

페널티 없음 그대로 플레이

BUNKER

91. 볼이 벙커에 있을 때, 벙커를 고르게 했다

2벌타 > 그대로 플레이

지금 플레이할 볼과 핀 사이의 모래밭이 정리가 안 돼 있어 발자국이 가득한 상황이라 기분이 좋지 않아 고무래(레이크)로 고르게 했더니 이걸 보고 있던 같은 팀 플레이어가 '플레이 선의 개선 아닌가?'라는 클레임을 했다.

플레이어는 고르게 한 발자국을 넘어 플레이할 생각으로 벙커를 정리한 의도였지만, 그린 사이드의 벙커 안에서 아주 가까운 그린을 노리는 경우에는 플레이 선 위의 발자국을 고르게 할 수 없습니다. '플레이 선 및 스윙 구역의 개선'으로 2벌타를 받게 됩니다.

단, 볼이 벙커 안에 있을 때라도 플레이에 직접 관계가 없는 부분이라면 벙커를 정리할 목적으로 플레이 전에 고르게 하더라도 문제없습니다.

● 모래를 고르게 하는 레이크……레이크는 '움직일 수 있는 장해물'이기 때문에 언제든 제거할 수 있고 볼이 움직인 경우에는 페널티 없이 리플레이스 합니다.(→P85). 또한 레이크는 벙커의 바깥과 플레이에 영향을 주지 않을 것 같은 곳에 둡시다.

벙커 | PART4

92. 벙커 샷이 OB, 드롭 전에 벙커를 고르게 했다

페널티 없음 **그대로 플레이**

벙커에서 친 볼이 그 벙커 밖으로 나간 경우에는 이후 제한 없이 그 벙커의 모래를 고르게 할 수 있습니다.

다시 같은 벙커 안으로 볼이 드롭되는 경우도 마찬가지로, 모래에 남긴 흔적을 고무래(레이크)로 깨끗이 고르게 한 다음, 거기에 드롭해도 문제없으며 페널티는 부과되지 않습니다.

벙커에서 플레이한 후에는 헝클어진 모래나 자신의 발자국은 항상 평평하게 고르게 정리한 다음 자리를 떠나는 것이 매너입니다.

2019 Rule 볼의 라이 및 플레이에 관계없는 곳의 모래에 닿아도 페널티는 없다

BUNKER

 **93 벙커 안의 고무래(레이크)에 볼이 붙어 멈췄다**

페널티 없음 | **고무래(레이크)를 제거**

고무래(레이크)는 움직일 수 있는 장해물로 벙커는 물론, 코스 안 어디에 있어도 제거 가능하며 그 방법은 자유입니다. 이때 볼이 움직인 경우에는 페널티 없이 리플레이스 합니다. 고무래(레이크)를 제거할 때 경사면에 남은 고무래(레이크)의 흔적은 개선할 수 없습니다. 개선하게 되면 2벌타를 받습니다.

 **94 벙커 바깥의 고무래(레이크)를 치웠더니 볼이 벙커로 떨어졌다**

페널티 없음 | **고무래(레이크)를 제거하고 볼을 리플레이스**

고무래(레이크)는 어디에 있어도 제거할 수 있는 이동 가능한 장해물이므로 볼을 움직이면 페널티 없이 리플레이스 합니다. 이 경우, 원래 있던 벙커 사이드에 리플레이스 해야 하지만, 그 위치가 불명확할 때는 원위치에 가능한 가까운 곳에 리플레이스 합니다.

● 고무래(레이크)를 두는 장소는?……고무래(레이크)는 가능한 벙커 바깥에, 플레이어가 오가는 벙커 엣지의 낮은 쪽에 두면 좋습니다.

95. 동료의 벙커샷으로 볼이 모래를 뒤집어썼다

페널티 없음 | **모래를 치우고 칠 수 있다**

모래를 뒤집어쓰기 전의 상태로 복원합니다. 다른 사람에 의해 바뀐 라이를 원상태로 돌릴 때 플레이어는 부근의 모래를 치우거나 마크하고 볼을 주워 뒤집어쓴 모래를 털고 닦을 수 있습니다. 볼은 리플레이스 합니다. 누구에게도 페널티는 없지만 복원하지 않으면 2벌타(2023년 개정).

96. 벙커샷으로 삐져나온 칼라의 모래를 털었다

루스 임페디먼트는 코스 어디에 있어도 제거할 수 있는데 '모래와 흩어진 흙'은 티 구역과 그린 위 이외에서는 제거할 수 없습니다.

프린지(칼라)는 일반 구역으로 그린이 아니기 때문에 손으로 모래를 털어 내면 '플레이 선의 개선'으로 2벌타를 받습니다. 플레이는 계속할 수 있습니다.

2벌타 | **그대로 플레이**

● 고무래(레이크)는 한가운데?……잉글랜드나 스코틀랜드의 링크스 팟벙커(항아리 벙커)는 깊어서 들어갔다가 나오기가 어려우므로 고무래(레이크)는 벙커의 중앙에 두는 경우가 있습니다.

BUNKER

97 벙커의 턱 때문에 칠 수 없다

친 볼이 벙커의 턱에 박힌 데다가 반만 보이는 상태!
이럴 때도 무리하지 말고 언플레이어블!

서툰 사람에게는 지옥이지만 잘 쳤을 때의 기쁨은 천국이라고 불리는 벙커샷. 하지만 일러스트의 경우에는 프로여도 속수무책입니다.

그대로 플레이하는 것이 원래 방법이지만 이럴 때는 무리하지 않고 언플레이어블 선언입니다. 1벌타로 구제를 받고 3가지 선택지 중 자기가 치기 쉽다고 생각하는 지점에서 플레이할 수 있습니다. 아래의 CHOICE ②나 ③을 선택한 경우에는 벙커 안에서 홀에 가까이 가지 않는 곳에 드롭합니다.

| 페널티 없음 | 그대로 플레이 |
| 1벌타 | 언플레이어블 |

언플레이어블의 3가지 선택지

CHOICE 1
직전에 친 장소로 돌아가 구제 구역에 드롭하고 다시 치기.

CHOICE 2 (New Rule)
홀과 볼을 잇는 (벙커 안) 후방선 위에 드롭.

CHOICE 3
측면 구제한다. 볼에서 2클럽 이내의 벙커 안에 드롭.

● 서투른 어드바이스……동료 볼의 라이가 안 좋은 것을 보고 '나라면 언플레이어블 해'와 같은 말을 하면 상대의 플레이에 영향을 주는 '어드바이스'를 한 것이 되어 2벌타를 받습니다. '언플레이어블 방법도 있어'라고 하면 룰을 알려 준 것이 되기에 어드바이스가 되지는 않습니다.

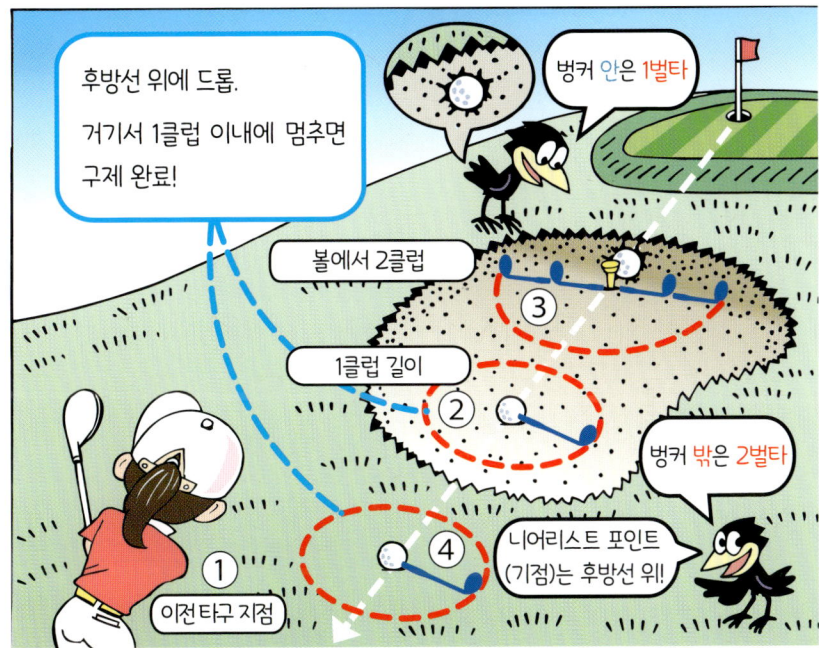

   벙커에서 아무리 애를 써도 탈출할 수 없는 경우가 있습니다. 이럴 때는 처음부터 또는 여러 번 시도한 뒤라도 2벌타를 받으면 언제든 언플레이어블로 벙커 바깥으로 드롭할 수 있습니다.

　벙커에 도전하고 싶은 사람은 사용하지 않지만 비기너에게는 신의 한 수인 구제죠.

언플레이어블의 추가 선택지

CHOICE 4 (New Rule)

언플레이어블로 벙커 밖으로 드롭할 수 있습니다. 방법은 2벌타를 받고 홀과 볼을 잇는 후방선 위에 드롭합니다. 거기서 1클럽 원내에 멈추면 구제 완료입니다.

2019 Rule
2벌타로 벙커 바깥에 드롭할 수 있다

BUNKER

98. 볼이 벙커 안의 물웅덩이에 들어갔다

일시적으로 생긴 작은 물웅덩이는 '비정상적인 코스 상태'로 페널티 없이 구제됩니다 (→P92, 94).

선택지는 2가지가 있습니다. 구제는 ① 일반 구역과 마찬가지로 벙커 안의 물웅덩이를 피해서 홀에 가까이 가지 않는 완전한 구제의 니어리스트 포인트(기점)에서 1클럽 길이 이내의 '벙커 안의 구제 구역'에 드롭합니다.

또한, 그림과 같이, ② 1벌타를 받고 '벙커 이외의 구제 구역'에 드롭할 수도 있습니다. 방법은 홀과 볼을 잇는 후방선 위 마음에 드는 곳에 볼을 드롭합니다. 드롭 지점에서 어느 방향으로도 1클럽 길이의 원 안에 멈추면 구제 완료입니다. 돌아가는 거리는 자유로 볼은 교환 가능합니다.

● 벙커가 완전히 물에 잠김……벙커 안에 구제 드롭 구역이 없을 때는 1벌타를 받고 홀과 볼을 잇는 후방선 위의 벙커 바깥에 드롭할 수 있습니다. 벙커의 후방이라면 돌아가는 거리는 자유입니다.

페널티 구역

PENALTY AREAS

- 페널티 구역에서 나뭇잎을 제거한다
- 노랑과 빨강에서는 구제가 다르다
- 클럽이 물이나 지면에 닿아도 OK

PENALTY AREAS

● 노란 말뚝의 연못에 볼이 빠지면 ?

노란 페널티 구역

페널티 없음	그대로 플레이
1벌타	2가지 선택지에서 다시 치기

페널티 구역 내에서 볼을 직접 치는 경우는 페널티가 없습니다.

페널티가 있는 구제는, 1벌타를 받고 아래 2가지 선택지(CHOICE①, ②)에서 치기 쉬운 쪽을 고릅니다. ① 이전 타구 지점으로 돌아가 기점에서 홀에 가까이 가지 않는 1클럽 이내의 구제 구역에 드롭. ② 후방선 위에 드롭하고 1클럽 이내에 볼이 멈추면 구제 완료입니다.

CHOICE 1
이전에 친 지점으로 돌아가 다시 치기

이 경우, 직전에 친 '가능한 가까운 지점'을 기점으로 하여 1클럽 이내의 구제 구역에 드롭합니다. 볼은 교환할 수 있습니다.

CHOICE 2 *New Rule*
볼이 연못 경계를 마지막으로 가로지른 지점과 홀을 잇는 후방선 위로, 그 페널티 구역 후방에 드롭

뒤라면 거리 제한은 없다. 원하는 곳에 드롭하고 1클럽 원 내에 볼이 멈추면 OK.

페널티 구역 PART5

● 빨간 말뚝의 강에 볼이 들어가면 ?

빨간 페널티

 **3개의 선택지에서 다시 치기**

빨간 페널티 구역의 경우, 노란 페널티 구역의 CHOICE①, ②와 더불어 선택지가 하나 더 늘어 총 3가지 구제에서 하나를 고를 수 있습니다.

CHOICE 3

측면 구제한다.
볼이 강의 경계를 마지막에 가로지른 지점을 기점으로 하여 거기서 2클럽 길이 이내의 구제 구역에 드롭

PENALTY AREAS

연못을 넘는 홀에서 연못은 넘었지만 되돌아간 볼이 연못에 빠졌다

연못을 넘는 데는 성공했지만 볼이 페널티 구역을 마지막에 가로지른 지점은 반대편이기에 반대쪽 연못 건너편에 드롭했다.

3벌타 ▸ 드롭 다시 하기

● 노란 말뚝의 노란 페널티 구역에 들어갔다면 구제 선택지는 2가지입니다. 1벌타를 받고 다음 중 치기 쉬운 쪽의 구제를 선택할 수 있습니다. 즉, ① 이전 타구 지점의 구제 구역에 볼을 드롭하고 다시 치기. ② 볼이 연못의 경계를 마지막으로 가로지른 지점과 홀을 잇는 '후방선 위에 드롭'하여 다시 치기. 방법은 연못 뒤, 후방선 위의 좋아하는 지점에 볼을 드롭하고 낙하지점에서 1클럽 이내의 원 가운데 멈추면 구제 완료입니다.

일러스트의 경우에는 페널티 구역의 1벌타+잘못된 곳에 드롭으로 2벌타=총 3벌타를 받게 됩니다. 단, 플레이 전이라면 잘못을 정정하여 올바른 장소에 다시 드롭하면 페널티 구역의 1벌타만 받게 됩니다. 정정하지 않으면 (거리를 크게 이득 본 것이므로) 2벌타가 추가 되므로 그대로 다음 홀로 가면 실격입니다.

● 후방선 위의 구제 기점······페널티 구역에서 '후방선 위'의 구제를 받는 경우, 페널티 구역의 바깥쪽이어야 한다.

페널티 구역 PART5

102 빨간 말뚝이 있는 연못에 볼이 빠졌다

큰 연못이 페어웨이와 평행하게 그린까지 이어져 있기에 우측으로는 절대로 치면 안 돼…라고 생각했지만 연못에 빠졌다.

1벌타 — 빨간 페널티 구역의 3가지 선택지에서 고르기

● 빨간 말뚝 및 경계 라인이 빨간 색인 경우, 그곳은 빨간 페널티 구역입니다. 구제는 1벌타를 받고, 노란 페널티 구역에서의 CHOICE①, ② 조치와 더불어 ③ 연못의 경계를 마지막으로 가로지른 지점에서 2클럽 길이 이내로 기점보다 홀에 가까이 가지 않는 페널티 구역 바깥의 측면 구제 구역에 드롭하는 선택지를 고를 수 있습니다.

New Rule — 후방선 위 구제는 볼을 후방선 위 마음에 드는 곳에 드롭할 뿐

2019 Rule — 빨간 페널티 구역에서는 2클럽 구제를 사용할 수 있다

● 빨간 페널티 구역……연못 및 강 수변뿐만 아니라 잡목림이나 숲, 사막 및 용암지인 경우도 있다. 노란색 페널티 구역의 2가지 구제와 더불어 추가로 측면 구제가 있다.

PENALTY AREAS

103 연못에 들어간 볼을 확인하기 위해 주웠다

| 페널티 없음 | 확인하여 리플레이스 또는 1벌타로 페널티 구역의 구제 | 1벌타 |

페널티 구역에 한하지 않고 코스 내에서는 어디든 오구(→P101)를 막기 위해 마크하고 볼을 주워 확인할 수 있습니다. 이때 손이나 클럽이 물에 닿아도 문제없고, 주울 때 다른 사람에게 보고할 필요는 없습니다. 확인한 볼을 그대로 플레이하는 경우에는 원래 상태로 리플레이스 합니다.

Check The Rule

페널티 구역의 볼

볼 일부가 페널티 구역의 경계선에 닿거나 잔디 및 위에 있을 때 볼은 페널티 구역에 있습니다.

리플레이스하지 않고 1벌타로 페널티 구역 구제를 받을 때는 노란 말뚝인지 빨간 말뚝인지 확인하고 P128~129의 선택지에서 치기 쉬운 것을 고릅니다.

104. 볼 확인을 하며 붙어 있는 나뭇잎을 제거했다

페널티 없음 — 그대로 플레이

나뭇잎(루스 임페디먼트)은 어디 있든 언제라도 제거 가능하나 제거할 때 볼이 움직이면 1벌타를 받기에 신중하게 합니다. 단, 볼을 찾거나 확인하는 경우에는 볼이 움직여도 페널티는 없고 볼은 리플레이스 하면 OK입니다.

Check The Rule — 페널티 구역의 3NG

페널티 구역에 들어간 볼은 1벌타로 구제되지만, 구제되지 않는 3가지 NG가 있기에 체크해둡시다.

1. 비정상적인 코스 상태에서의 구제가 없다
비정상적인 코스 상태란, ① 일시적인 물, ② 수리지, ③ 동물의 구멍, ④ 움직일 수 없는 장해물, 이 4가지 상태(→P94)를 말한다. 페널티 구역 안에서 비정상적인 코스 상태와 우연히 만나도 구제는 없다.

2. 지면으로 깊이 박힌 볼 구제가 없다
스트로크하여 공중을 날아 땅으로 깊이 박힌 볼은 구제되지만(→P98), 페널티 구역인 경우 구제는 없다.

3. 언플레이어블 구제가 없다
플레이 중 곤란할 때는 어디서든 언플레이어블 구제를 받을 수 있지만(→P52, 96), 페널티 구역 안에서는 사용할 수 없다.

● 페널티 구역의 구제……페널티 구역에 들어간 것을 '알고 있거나, 사실상 확실'한 경우만 구제를 받을 수 있습니다. 그 이외에는 '분실구'가 됩니다.

PENALTY AREAS

105. 플레이하기 전에 볼 주변 가랑잎을 털어 냈다

페널티 없음 — **그대로 플레이**

볼이 빨간 말뚝의 빨간 페널티 구역에 들어갔지만 라이가 좋아서 그대로 치고 싶은데 볼 주변의 낙엽 및 가랑잎이 방해된다면, 노란 말뚝이든 빨간 말뚝이든 페널티 구역 안의 가랑잎은 언제든 페널티 없이 제거할 수 있습니다. 제거할 때 볼을 움직이면 1벌타를 받기에 주의합니다. 움직인 볼은 리플레이스 합니다.

가랑잎이 많이 있고 낙엽 위에 볼이 있는 경우는 주의가 필요합니다. 볼 아래 가랑잎을 제거하면 리플레이스가 필요한 장소에 있는 루스 임페디먼트의 제거 위반으로 (일반 구역과 마찬가지로) 1벌타를 받으니 기억합니다 (→P76).

2019 Rule 구제를 받을 때는 언제든 볼 교환을 할 수 있다

● 수변에서 움직이는 볼……골프에서는 '움직이는 볼'을 치는 것은 금지로 위반하면 2벌타를 받습니다. 단, 수변에서 흐르는 볼만 플레이해도 페널티는 없으며 만일 오구(→P101)였던 경우도 페널티는 없습니다.

페널티 구역   PART5

106. 수변 볼을 칠 때 클럽을 물에 담갔다

페널티 없음 — 그대로 플레이

도전하려는 마음에 구제를 받지 않고 볼을 그대로 치고 싶을 때, 클럽이 수면에 닿거나 물속에 담가 플레이해도 페널티는 부과되지 않습니다. 일반 구역과 마찬가지로 낙엽 및 작은 나뭇가지를 제거하거나 클럽을 지면에 솔할 수 있기에 두려워하지 말고 과감히 도전해 보는 것도 좋겠습니다.

2019 Rule 페널티 구역에서 클럽을 솔하거나 물에 담글 수 있다

● 연못 넘는 어드바이스……'연못까지 몇 야드?'는 누구에게 물어봐도 알려 줘도 OK입니다. 단, '연못을 넘는데 몇 야드?'는 플레이 방법 및 클럽 선택 조언 위반이 되어 2벌타를 받습니다. 묻는 방법에도 주의가 필요합니다.

PENALTY AREAS

107 노란 말뚝 안에서 쳤더니 연못에 퐁당!

볼은 노란 말뚝 안에 있는데 잔디였기에 페널티 없이 그대로 쳤더니 이번에는 완전히 연못으로 퐁당 빠졌다면, 이 경우에는 1벌타로 3가지 선택지(①, ②, ③)에서 구제를 택할 수 있습니다.

1벌타 이전 타구 지점에서 다시 치기

1벌타 2개 선택지에서 다시 치기

① 지금 친 지점을 기점으로 한 '구제 구역'에 드롭하고 다시 칩니다. 페널티 구역 안에서 몇 번 실패해도 그 후 다시 1벌타로 노란 페널티 구역의 일반적인 '2가지 선택지'에서 구제를 택할 수 있습니다.

② 이 페널티 구역 바깥에서 마지막으로 플레이한 장소에 드롭합니다. 이것이 티샷이라면 티업할 수 있습니다.

③ 볼이 연못의 경계를 마지막으로 가로지른 지점(기점)과 홀을 잇는 후방 선상으로 그 페널티 구역 바깥에서 드롭할 수 있습니다. 빨간 페널티 구역의 경우에는 ①, ②, ③과 더불어 ④ 기점에서 2클럽 길이 이내로 드롭할 수 있는 선택지가 추가됩니다(→P128~129).

● 자연의 힘이 움직인 볼……리플레이스 후에 볼이 움직이기 시작해 다른 구역 및 OB로 들어가면 '무벌타 리플레이스'가 된다. 같은 구역 내에서 멈추면 '그대로 플레이' 하면 됩니다.

PART 6

퍼팅 그린

PUTTING GREEN

- 그린에 올라가기 전에 경사와 잔디 방향을 확인하기
- 그린의 상처는 플레이 전에 개선할 수 있다
- 그린은 소중히 다루고 조심히 걷기

PUTTING GREEN

108. 그린과 칼라의 경계에 있는 볼을 마크하고 주웠다

1벌타 ▶ 리플레이스

'볼의 일부가 그린에 닿으면 그린 위의 볼'이므로 페널티는 없습니다. 그러나 볼이 칼라(프린지) 위에 있고 일부가 그린에 튀어나온 것만으로는 그린 위의 볼이 되지 않기에 마크하고 주울 수는 없습니다. 칼라(프린지)는 그린이 아니므로 주우면 1벌타를 받습니다. 볼은 마크한 위치에 리플레이스 합니다.

Check The Rule — 그린 위의 볼

볼의 일부가 그린 면에 닿아 있으면 그린 위의 볼이 됩니다.

109. 그린 위에서 마크하지 않고 볼을 주웠다

그린 위에서는 언제든 볼을 주울 수 있지만 반드시 마크해야 합니다. 규정에서는 엄밀하게 '볼 마커를 볼의 바로 뒤 또는 매우 가깝게 둘 것'이라고 정해져 있습니다. 마크하지 않고 볼을 만지거나 주우면 1벌타가 부과되어 이 볼은 리플레이스 해야 합니다.

1벌타 → 리플레이스

---

110. 주운 자갈로 마크했다

1벌타 → 그대로 플레이

예쁜 자갈을 주웠기에 1번 홀 그린에서 볼을 마크했다면, 볼 마커의 형태 및 사이즈에 규정은 없지만 '인공물'이어야 합니다. 인공물이란 티나 코인 등 사람이 만든 것입니다. 자갈은 나뭇잎이나 솔방울과 동일한 '자연물'이기에 '잘못된 방법으로 마크한' 것이 되어 볼을 리플레이스하여 플레이하면 1벌타가 부과됩니다.

PUTTING GREEN

111. 볼이 낙하했을 때 생긴 볼 마크를 손보다

페널티 없음 — 그대로 플레이

볼이 낙하한 충격으로 생긴 그린 위의 파인 부분이나 흔적을 '볼 마크'라고 하는데 볼 마크와 오래된 홀의 메운 흔적을 비롯해 신발로 인한 흔적(스파이크 마크)나 깃대를 끈 자국 등 그린 위 대부분의 손상은 자신의 손과 발, 클럽 및 그린 포크를 사용하여 플레이하기 전에 수리할 수 있습니다.

볼 마크 및 스파이크 마크의 수리 중 볼이 움직여도 페널티는 없고 볼을 원래 지점에 리플레이스하면 괜찮습니다.

2019 Rule — 볼 마크 및 스파이크 마크는 언제든 수리할 수 있다

● 홀 주변이 상처가 나 있으면 퍼팅의 흥이 깨집니다! 깃대를 뽑거나 할 때는 세심한 주의를 기울입시다(코스의 보호).

퍼팅그린 PART6

 112 플레이 선 위의 스파이크 마크를 손보다

페널티 없음 | **그대로 플레이**

플레이 선 위나 홀 주변의 스파이크 마크(신발 끌린 자국)는 플레이하기 전에 고칠 수 있습니다. 그린에 올라갔을 때 전 팀이 끌어서 생긴 스파이크 마크가 있으면 기분이 좋지 않기도 하고 텐션이 떨어지기도 하죠. 그린 플레이를 끝낸 후에는 스파이크 마크를 복구하고 나서 다음 홀로 갑시다.

Check The Rule — 플레이 선 Line of Play

'플레이 선'이란, 플레이어가 '볼을 치고 싶다, 굴리고 싶다'고 생각하는 라인입니다. 플레이 선은 2지점을 잇는 직선뿐만 아니라 양측에 적당한 폭을 갖고 곡선이 되거나 공중이 되기도 합니다.

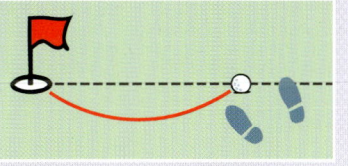

● 자신의 플레이 선을 체크할 때 무심코 스파이크 마크를 만든 경우, 그 손상은 플레이하기 전이라도 수리할 수 있습니다.

PUTTING GREEN

113. 마크할 때 마커로 볼을 팅기고 말았다

페널티 없음 — 리플레이스

2019년 룰 개정으로 '그린 위의 볼을 우연히 움직인 경우, 어떻게 움직였는지 관계없이 페널티는 부과되지 않음'이 됐습니다. 마크할 때 자기도 모르게 손가락이나 마커로 볼을 팅겼다면 볼을 원위치로 리플레이스하면 괜찮습니다.

2019 Rule 우연히 볼을 움직인 경우, 페널티는 없다

114. 솔잎을 제거할 때 무심코 볼을 움직였다

그린 위에 솔잎이 흩어져 있거나 플레이 선 위에 있는 솔방울을 주울 때 무심코 발로 자기 볼을 움직이게 했다고 생각해 봅시다.

그린 위의 볼을 우연히 움직이게 한 경우, 누가 움직였든 페널티는 없습니다. 볼은 리플레이스 합니다.

 **페널티 없음** — 리플레이스

---

115. 하나 튀어나와 있는 긴 풀을 잡아 뜯었다

2벌타 — 그대로 플레이

그린 위에서는 잔디를 뽑거나 뜯거나 할 수 없습니다. 뜯은 풀을 원위치로 돌려놓아도 플레이 선의 개선이 되어 2벌타를 받습니다.

PUTTING GREEN

116. 퍼터 끝으로 마크했다

페널티 없음 — 그대로 플레이

퍼터 끝으로 마크할 수 있습니다. 마크는 주운 볼을 원위치로 정확하게 리플레이스하기 위한 표시입니다.

마크하는 방법은 마커를 볼의 바로 뒤나 가장 가깝게 두는 것, 그리고 클럽을 볼의 바로 뒤나 가장 가까이 두는 것이 허용됩니다(→P71). 퍼터로 마크할 때는 주워서 할플레이스할 때까지 퍼터를 움직일 수 없습니다.

---

117. 마크하고 주웠지만 다른 볼을 리플레이스하고 플레이

1벌타 — 그대로 플레이

그린 위에서 주운 볼을 교체할 수는 없습니다. 다른 볼을 리플레이스하고 플레이하면 1벌타를 받습니다. 볼을 교환할 수 있는 것은 OB나 분실구, 구제받을 때 볼이 다 떨어졌을 때 등입니다. 플레이 전에 깨닫고 원래의 볼로 다시 리플레이스하면 페널티는 부과되지 않습니다.

퍼팅그린 PART6

118. 자신이 주운 볼을 캐디가 닦아서 리플레이스

1벌타 — 그대로 플레이

그린 위에서 볼을 '리플레이스'할 수 있는 사람은 ① 플레이어 본인, ② 볼을 주운 사람뿐입니다.

2019년 개정으로 캐디가 그린 위에서 플레이어의 승인 없이 '볼을 주워서 닦고 할플레이스할 수 있게' 되었습니다. 그러나 플레이어가 주운 볼을 캐디가 할플레이스할 수는 없습니다. 허용되지 않은 사람이 리플레이스한 볼을 플레이하면 1벌타를 받습니다.

단, 플레이하기 전에 잘못된 것을 인지하고 플레이어가 다시 리플레이스하면 페널티는 부과되지 않습니다.

2019 Rule 그린 위에서는 캐디가 언제든 볼을 마크하고 주울 수 있다

● 그린 위 볼의 마크를 동료 및 캐디에게 부탁할 수 있습니다. 단, 이 경우에도 볼을 할플레이스할 수 있는 것은 ① 플레이어 본인, ② 볼을 주운 사람에 한정됩니다.

PUTTING GREEN

119. 라인을 읽을 때 그린 위에 손바닥을 댔다

페널티 없음 — 그대로 플레이

규정에서는 '고의로 그린을 테스트해서는 안 된다'고 적혀 있지만 라인을 읽을 때 그린에 손을 대는 정도라면 문제없습니다.

또한 그린 위의 모래를 제거할 때 손으로 털거나 홀의 연두 부분의 손상을 손으로 복원시켜도 괜찮습니다. 하지만 아무렇게나 손바닥으로 잔디 표면을 문지르거나 잔디 방향의 체크를 하면 그린 면의 테스트로 2벌타로 판단되기에 주의합시다.

120. 볼에 묻은 흙을 그린 면으로 털어 냈다

페널티 없음 — 그대로 플레이

그린 면의 테스트가 아니라면 진흙을 털어도 페널티는 없습니다.

단, 볼은 타월로 닦읍시다.

121 라인을 읽을 때 그린에 퍼터를 뒀다

2벌타 ▶ 그대로 플레이

라인을 읽는 도중 플레이어가 목표를 향해 퍼터를 그린에 두면 그 순간 페널티가 발생합니다. 스트로크하기 전에 그 퍼터를 제거하면 페널티는 없습니다.

2023년 개정으로 플레이의 선을 나타내거나 스탠스를 잡을 때 도움이 되는 물건을 지면에 두는 것이 전체 구역에서 금지됐습니다. 위반은 2벌타를 받습니다.

2025년 1월 1일부터는 그린 위에서 '자립식 퍼터'를 볼에 가까이 세워 두면 2벌타가 부과됩니다.

---

122 프린지의 스프링클러가 방해

페널티 없음 ▶ 그대로 플레이

프린지(칼라)는 일반 구역입니다. 스프링클러(움직일 수 없는 장해물)가 스탠스나 스윙의 장해가 되는 경우에는 페널티 없이 구제되지만 아무리 방해일지라도 플레이 선상에 있는 것만으로는 구제를 받을 수 없습니다.

PUTTING GREEN

123 멈춰 있는 볼이 움직였다

● 볼을 줍기 전이라면……

| 페널티 없음 | 플레이어가 원인으로 우연히 움직였을 때는 리플레이스 (→ P142) |

| 페널티 없음 | 플레이어가 원인이 아닐 때는 그대로 플레이 |

 124 마크하고 볼을 줍기 전에 바람으로 볼이 움직였다

| 페널티 없음 | 볼이 멈춘 지점에서 플레이 |

마크해도 볼을 줍기 전이라면 아직 인플레이 상태. 이 경우에는 페널티 없이 볼이 멈춘 지점에서 플레이합니다. 그러나 우연히 마커 앞에 리플레이스하면 인플레이의 볼을 움직인 것이 되어 1벌타를 받고 바람으로 움직인 지점으로 돌아가야 하기에 주의가 필요합니다.

125 리플레이스하고 나서 볼이 움직였다

주운 볼을 닦고 원위치에 리플레이스 했더니 볼이 천천히 움직여 홀에 가까워졌다.

● 볼을 리플레이스한 뒤라면……

페널티 없음 / 리플레이스

이미 주운 후 리플레이스한 볼이 움직인 경우, 원인이 무엇이든 볼은 원위치로 리플레이스 해야 합니다. 원위치가 부정확할 때는 장소를 추정해서 리플레이스 합니다. 일러스트의 경우, 움직인 볼이 홀에 가까워졌지만 이 케이스도 럭키한 것은 되지 못합니다. 리플레이스입니다.

단 예외적으로 백스윙 중에 움직이기 시작한 볼은 할플레이스할 수 없습니다. 만일 스트로크한 경우에는 그대로 플레이가 됩니다.

2019 Rule 리플레이스 후에 움직인 볼은 모두 원위치로 리플레이스

PUTTING GREEN

126 캐디에게 라인을 물었다

캐디에게 공략할 부분을 물었더니 깃대를 그린 면에 대고 '이 주변이요'라고 조언해 줬다.

페널티 없음 ▶ 그대로 플레이

볼이 그린 위에 있을 때 캐디만큼은 스트로크 전에 라인을 읽고 '플레이 선'을 표시하거나 쥐고 있는 깃대를 그린 면에 대어 '공략할 곳'을 알려 줄 수 있습니다.

단, 플레이 선을 개선하거나 플레이 선을 나타내기 위해서 (타월 및 페트병 등의) 물건을 둔 경우에는 스트로크 전에 제거해도 페널티는 해제되지 않고 2벌타를 받습니다.

2019 Rule 그린 면을 개선하지 않는다면 플레이 선에 닿아도 페널티는 없습니다

PART6 퍼팅그린

127. 캐디가 뒤에 서서 라인을 읽어 줬다

캐디에게 라인을 물었더니 뒤에 서서 어드바이스를 줬다면, 스탠스를 잡기 전이므로 페널티는 없지만 그대로 이어서 스탠스를 취할 때까지 플레이어의 후방선 위에 서 있으면 위반이 되어 2벌타를 받기에 주의합시다.

또한, 어드바이스를 받은 뒤 플레이어가 일단 스탠스를 풀고 캐디도 다른 장소로 이동하고 다시 새롭게 스탠스를 취하면 페널티는 없습니다.

페널티 없음 ▶ 그대로 플레이

---

128. 캐디가 우산을 씌워 준 채로 쳤다

2벌타 ▶ 그대로 플레이

플레이어는 스트로크할 때 누구에게도 물리적인 원조를 받을 수 없습니다. 비가 내린다고 하여 캐디나 동료가 우산을 씌워 주는 것은 위반이 됩니다. 단, 스트로크 직전까지라면 괜찮습니다. 본인이 비옷을 입고 플레이하는 것은 문제없습니다.

PUTTING GREEN

129 깃대를 꽂은 채로 퍼팅했더니 볼이 깃대에 맞았다

그린 위에서 친 볼이 깃대를 맞아도 페널티는 없고 그대로 플레이가 됩니다. 플레이어는 깃대를 세운 채 퍼팅하거나 뽑아서 퍼팅하는 것을 자유롭게 선택할 수 있는데 어느 쪽을 할지 스트로크 하기 전에는 정해야 합니다.

페널티 없음 — **그대로 플레이**

깃대를 홀에 남기는 쪽을 택하고 퍼팅한 경우, 스트로크 후 깃대에 맞지 않길 바라며 볼이 움직일 때 깃대를 움직이거나 뽑는 것은 위반으로 2벌타를 받습니다. 볼이 깃대에 맞지 않는다고 판단했을 때는 제거해도 페널티는 없습니다.

깃대를 뽑는 쪽을 택했을 때는 스트로크 전에 본인이 빼거나 캐디나 동료가 뺍니다. 그리고 볼까지의 거리가 멀 때, (뽑는 것을 전제로)깃대를 홀의 표식으로 동료가 들고, 볼을 친 다음 뽑는 것은 괜찮습니다.

2019 Rule 깃대를 꽂은 채로 퍼팅해서 깃대에 맞아도 페널티는 없다

● 그린 위의 퍼팅에서는 깃대를 꽂은 채로 치든 뽑은 다음 치든 플레이 가능하며 '그린 바깥'에서 플레이할 때도 뽑을지 꽂을지 선택할 수 있습니다.

130. 깃대를 꽂은 채 퍼팅했는데 갑자기 뽑았다

2벌타 — 그대로 플레이

'깃대를 놔둔 채로' 치는 것을 선택하고 퍼팅한 경우, 스트로크하는 도중에 다시 깃대를 뽑는 것으로 변경할 수는 없습니다.

친 볼의 기세가 너무 세서 깃대에 부딪혀 튕길 것 같다고 생각해 가까이 있는 동료에게 깃대를 뽑아 달라고 한 경우, '움직이는 볼에 영향을 주는 행동'이 되어 부탁한 사람도 깃대를 뽑은 사람도 2벌타가 부과됩니다.

---

131. 핀에 가까이 간 볼을 주웠다

페널티 없음 — 홀인원

파3에서 제1타가 그린을 굴러 컵인! 가보니 볼이 깃대와 홀 사이에 껴 있어서 기쁜 나머지 볼을 주웠는데, 이 경우 어떻게 될까?

볼의 일부가 홀 안에 있고 그린 면보다도 아래에 있다면 홀인으로 인정됩니다. 볼의 일부가 홀의 잔디에 보이는 상태는 절반은 홀에 들어가 있기에 아주 훌륭하게 달성한 것이 됩니다!

PUTTING GREEN

132. 마커를 원래대로 돌려놓지 않고 퍼팅했다

동료의 요구로 마커를 퍼터 헤드 하나만큼 이동했지만 자신의 타순일 때 자기도 모르게 마커를 원래 자리로 돌이켜 놓는 것을 까먹고 쳤다면 이 경우, '잘못된 장소에서의 플레이'로 2벌타를 받는데 이 볼은 인플레이이기에 (이 우연한 잘못을 인식했어도 다시 하지 않고) 그대로 계속해서 플레이합니다. 2벌타는 끝나고 나서 부과됩니다.

2벌타 — 그대로 플레이

133. 동료의 마커에서 퍼팅했다

위의 사례와 마찬가지로 '잘못된 장소에서의 플레이'가 됩니다. 동료의 마커에서 친 경우는 동일하게 그대로 플레이하고 홀아웃 합니다. 2벌타는 끝나고 나서 더해집니다.

'앗, 그거 제 마커!'라고 말한 동료의 지적에 당황해

볼을 줍고 올바른 장소에서 퍼팅을 다시 한 경우, 추가 2벌타가 부과된다는 점 기억합시다.

2벌타 — 그대로 플레이

134 볼 마커를 남긴 채 퍼팅했다

1벌타 ▶ 그대로 플레이

　버디 퍼트에 너무 집중한 나머지 큰 실수를! 볼 마커 앞에 볼을 바르게 리플레이스 해도 스트로크하기 전에 마커는 제거해야 합니다. 볼이 들어간 기쁨도 잠시, 마커를 그대로 둔 채로 퍼팅했다면 1벌타가 부과됩니다.

2019 Rule ▶ 마커를 제거하지 않고 플레이하면 1벌타

 홀 사이즈는 직경 4.25인치(108mm), 깊이는 최저 4.0인치(101.6mm)입니다. 볼의 일부가 홀의 그린 면보다도 아래에 있을 때 '홀에 들어갔다'고 말합니다.

PUTTING GREEN

135 퍼팅이 클럽에 맞았다

페널티 없음 — 리플레이스하고 다시 플레이

그린 위에서 퍼팅한 볼이 그린 위의 '움직일 수 있는 장해물(퍼터 및 페트병이나 타월), 다른 사람이나 동물, 움직이는 볼'에 우연히 맞은 경우, 이 스트로크는 취소가 되어 볼은 원위치에 리플레이스하고 다시 플레이합니다. 이 케이스는 다시 플레이하지 않으면 일반 페널티(2벌타)를 받습니다.

2023년 개정으로 이 맞은 물건에서 '플레이어 본인, 깃대에 가까운 사람, 곤충'이 제거됐습니다. 또한, '깃대와 볼 마커'에 맞은 경우에도 페널티 없이 그대로 플레이가 됩니다.

---

136 퍼트한 볼이 동료 볼에 맞았다

2벌타 — 이어서 플레이

그린 위에서 퍼트한 볼이 그린 위에 멈춰 있는 누군가의 볼에 맞은 경우, 맞힌 쪽이 2벌타를 받습니다. 맞힌 쪽의 볼은 그대로고 맞은 볼은 리플레이스합니다.

퍼팅그린   PART6

137 퍼팅할 때 깃대에 손을 댔다

꽂혀 있는 깃대에 손을 대거나 잡은 채로 퍼팅할 수는 없습니다. 깃대를 고의로 움직여 이익을 얻고자 한 것으로 간주하여 2벌타를 받습니다.

2벌타 ▶ 그대로 플레이

깃대를 홀에서 빼서 한 손으로 잡고 퍼팅하는 것은 문제 되지 않습니다.

---

138 긁어당기는 퍼팅으로 홀아웃했다

2벌타 ▶ 홀아웃은 허용됨

짧은 퍼팅 실패로 10cm 정도 오버. 플레이어는 낙심하고 그대로 '먼저 할게요'라고 하고 볼을 긁어당겨 홀아웃했다면, 볼을 치는 방법으로 플레이어는 볼을 클럽 헤드의 어떤 부분으로도 쳐도 되지만 '밀어내듯 하거나 긁어당기거나 퍼내는' 것은 금지되어 있습니다. 위반으로 2벌타를 받는데 홀아웃은 인정됩니다.

● 먼저 쳐서 미안하다고 퍼팅……퍼팅한 후 홀까지 남은 거리가 1그립(30cm) 이내일 때 플레이 퍼스트로 마크하지 않고 '먼저 쳐서 미안합니다!'라고 말하고, 이어서 플레이하면 됩니다.

PUTTING GREEN

139 그린 위에 물웅덩이, 플레이 선 위에 있으니까 구제가 있으려나?

온그린이라고 생각했는데 아쉽게도 칼라 위였다. 게다가 그린 위에는 새벽녘까지 비가 와서 큰 웅덩이가! '비정상적인 코스'(→P94~95)로 보이지만 구제는 없고 그대로 플레이입니다.

프린지(칼라)는 그린이 아니라 일반 구역이므로 플레이 선 위에 일시적으로 물이 있어도 구제는 받을 수 없습니다. 볼이 직접 물웅덩이 안에 있거나 스탠스에 방해가 될 때만 구제를 받을 수 있습니다.

페널티 없음 — **그대로 플레이**

볼이 그린 위에 있다면 구제를 받을 수 있다

볼이 그린 위에 있을 때에 한하여 플레이 선 위에 '일시적인 물'이 있는 경우, '비정상적인 코스 상태'로 페널티 없이 구제를 받을 수 있습니다.

방법은 마크하고 볼을 주워 ① 플레이 선이 물웅덩이를 피하고 ② 홀에 가까이 가지 않으며 ③ 원위치에 가장 가까운 곳에 플레이스 합니다. 그린 전체가 물웅덩이 상태일 때는 구제 지점이 그린 바깥이 돼도 괜찮으며 이 경우도 플레이스 합니다. 잘못 생각해서 드롭하고 플레이하면 1벌타이니 주의하도록 합니다.

퍼팅그린　　PART6

140 서브 그린의 볼을 퍼터로 플레이

2벌타 ▶ 이어서 플레이

　서브 그린(목적 외 그린)은 플레이 금지로 퍼터로 쳐도 2벌타를 받습니다.

　프린지(칼라)에 올라갔다면 통상 그대로 플레이하지만 코스에 따라서는 그린과 동일하게 취급하는 로컬룰을 설정한 곳도 있으니 체크가 필요합니다.

141 볼이 서브 그린에 올라가면 ?

　볼이 서브 그린에 올라간 경우에는 구제를 받고 플레이해야 합니다.

　방법은 페널티 없이 ① 동일한 일반 구역 내로 ② 기점보다 홀에 가까이 가지 않는 1클럽 길이 이내의 '구제 구역'에 드롭합니다. 또한, 스탠스나 스윙 구역이 장해가 되는 경우에도 마찬가지로 서브 그린으로부터의 완전한 구제가 요구됩니다. 위반은 2벌타입니다.

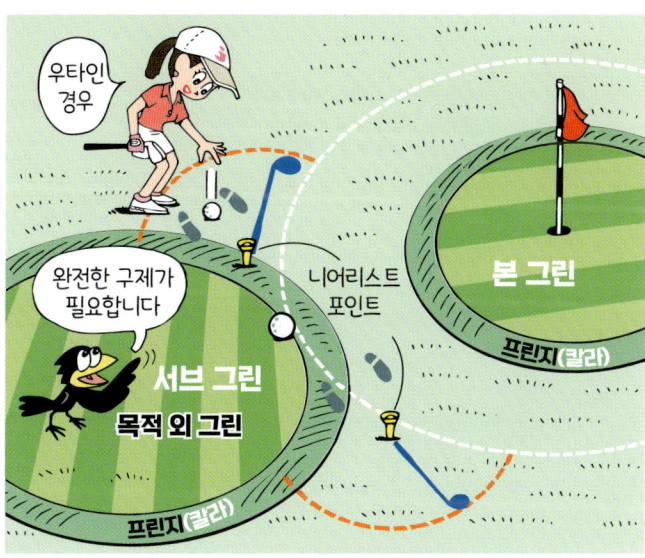

페널티 없음 ▶ 완전한 구제의 드롭

PUTTING GREEN

142 홀아웃한 뒤에 오구인 것을 알게 됐다

2벌타 오구였던 지점으로 돌아가 다시 하기, 정정하지 않으면 실격

 오구를 한 장소가 생각날 때는 그곳으로 돌아가 3분 이내에 자신이 올바른 볼을 찾아서 플레이합니다. 오구를 플레이한 스트로크 수는 카운트하지 않기에 그 사이 몇 번 쳐도 2벌타입니다. 어디서 오구한 것인지 모를 때는 분실구로 1벌타가 추가됩니다 (→P101~106).

 오구인 채로 홀아웃하고 다음 홀의 티샷을 치면 그 지점에서 실격이 됩니다.

 또한 최종 홀의 경우, 스코어 카드를 제출하기 전에 잘못을 정정(스코어에 2벌타를 더하기)하지 않았을 때는 실격이 됩니다.

퍼팅그린 PART6

Check The Rule: 이전 타구 지점에서 플레이하는 방법

분실구나 OB, 페널티 구역 및 언플레이어블(→P53) 등의 구제로 직전에 스트로크한 지점으로 돌아가 플레이하는 경우인 '인플레이의 방법'은 코스 구역에 따라 다릅니다.

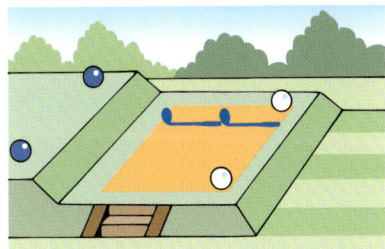

● 티잉 구역

직전 스트로크를 티잉 구역에서 플레이한 경우, 티잉 구역 내의 어디서든 티업하여 플레이할 수 있습니다.

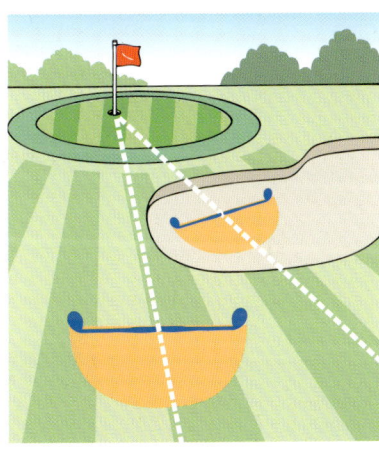

● 일반 구역·벙커·페널티 구역

직전의 스트로크를 일반 구역·벙커·페널티 구역에서 플레이한 경우, 기점은 이전 타구 지점이 됩니다. 볼은 기점에서 ① 1클럽 길이 이내로, ② 같은 구역 내에서, ③ 기점보다 홀에 가까이 가지 않는 '구제 구역'에 드롭합니다.

● 퍼팅 그린

직전의 스트로크를 퍼팅 그린에서 플레이한 경우, 이전 타구 지점에 플레이스 합니다.

알기 쉬운 골프 용어 해설

골프는 책을 읽어도 늘지 않습니다. 하지만 골프 룰은 읽으면 읽을수록 '그렇군!'하고 이해가 가다 보니 혹시 골프가 늘지는 않을까 하는 생각까지 하게 되니 참으로 신기합니다. 규정 책을 읽고 조금이라도 이해하고 골프에 임한다면 주눅 들 것 없이 자신감 있게 플레이할 수 있을 것입니다. 실제 상황에서 만나게 된 트러블은 나중에 반드시 규정 책을 읽고 올바른 규정과 올바른 조치를 확인해 둡시다!

가드 벙커
그린 주변에 만들어진 벙커.

경계물
아웃오브바운즈(OB)를 표시하는 펜스 및 말뚝으로 움직일 수 없는 것으로 취급한다. 경계물은 장해물이 아니다(→P78).

그라스 벙커
모래가 아닌 긴 풀이 나 있는 움푹 함몰된 곳. 벙커라고 불리지만 일반 구역의 일부이기 때문에 클럽을 땅에 댈 수 있다.

그랜드슬램
프로골프계의 4대 메이저 대회인 마스터즈, US오픈, 브리티시 오픈, 미국프로골프(PGA)를 전부 우승하는 것.

그로스
스코어에서 핸디캡을 빼기 전의 숫자. 핸디캡을 뺀 후의 숫자는 'Net'이라고 한다.

그린
퍼팅하기 위해 만들어진, 잔디가 짧게 깎였고 홀이 있는 구역. 정식 명칭은 '퍼팅 그린'이라고 한다.

그립
골프 클럽의 쥐는 부분. 또는 클럽을 쥐는 법. 그립의 재질은 고무나 인조가죽, 코도반 가죽(Cordovan Leather) 등이 있다.

기준 타수
홀의 기준 타수. 숏홀은 3, 미들홀은 4, 롱홀은 5로 정해져 있고 홀아웃까지의 기준이 되는 타수를 말한다. '파(Par)'는 동의어.

나이스샷
잘 맞은 샷에 대해 칭찬하는 말. 해외에서는 '굿샷'이라고 함.

네버 업, 네버 인
'볼이 컵에 도달하지 못하면 들어가지 않는다'는 골프의 명언.

넷
18홀의 총 타수(그로스) 스코어에서 핸디캡을 뺀 스코어. cf) 그로스(실제 타수의 합)를 나타내는 가장 기본적인 점수.

노란 말뚝
노란 페널티 구역을 표시하는 말뚝(→P79, 128,

130, 136).

노터치
인플레이 중 볼을 만지지 않고 '그대로인 상태로 플레이'하는 것. 정확하게는 'Play as it lies'라고 한다.

니어 핀
숏홀에서 제1타가 얼마큼 핀에 가까운지를 겨루는 경기. '니어 (투) 더 핀'의 약어이다.

니어리스트 포인트
규칙에 따라 볼을 주워 드롭이나 플레이스를 할 때 그 기점이 되는 지점. 여기서 1~2클럽 길이의 구제 구역을 측정한다(→P80~82, 84, 86~97, 131, 159).

다운블로
클럽헤드가 스윙 궤도의 최하점에 도달하기 전에 볼을 치는 방법으로 아이언에 적합한 방법이다. 반의어는 '업블로'.

다운스윙
탑스윙에서 임팩트까지의 스윙 동작.

다운힐 라이
왼발보다 오른발이 더 높은 곳에 있는 내리막 경사. 주로 해외에서 사용되는 단어. 다운힐', '다운슬로프', '왼발이 낮음' 등으로 말하는 경우가 많다.

더블보기
기준 타수보다 2타 많은 타수. 18홀 모두 더블 보기로 돌면 스코어는 108이 된다.

더퍼
잘 못 치는 골퍼, 초보자를 의미한다.

더프샷
볼의 바로 뒤쪽 땅을 치는 미스샷. 반대로 볼의 위쪽 부분을 치는 것은 '탑'.

덕 훅
급한 각도로 꺾이는 훅 볼. 클럽 페이스가 극단적으로 클로즈 페이스가 됐을 때 되기 쉽다. 반의어는 '바나나 홀'.

도그렉
페어웨이가 개의 뒷다리와 같이 좌우로 크게 굽어 있는 홀.

동물
인간 이외의 모든 동물(생물로서 포유류, 조류, 파충류, 양서류, 곤충, 지렁이 등을 포함함).

동물이 판 구멍
동물이 땅에 파놓은 구멍. 구멍에서 파놓은 것이나 볼록하게 솟아오른 지면, 구멍으로 통하는 짐승의 길이나 흔적(단, 곤충 및 지렁이 구멍은 제외) (→P93, 95).

드라이버
1번 우드. 가장 거리를 내고 싶을 때 사용한다. 구제 구역의 사이즈를 잴 때도 사용한다(→P89, 175).

드로볼
볼이 낙하할 때 천천히 왼쪽으로 휘는 샷. 반의어는 '페이드볼'.

드롭
볼을 손에 들고 공중에서 지면에 떨어뜨리는 것. 구제 구역에서는 무릎 높이부터 볼을 떨어뜨려야

한다(→P80~95).

드롭존
목적 외 그린 및 비정상적인 상태, 페널티 구역 등에서 일반적인 구제의 선택지로는 지장이 있는 경우 드롭할 수 있는 (위원회나 클럽이 설정한) 특별한 구제 구역(로컬룰).

디봇
아이언 샷 등으로 떨어져 나간 잔디. 지면에서 완전히 분리됐다면 루스 임페디먼트가 되지만 원위치로 돌려놓는 것이 매너다. 떨어져 나간 흔적을 '디봇 자국'이라고 한다.

딤플
볼 표면에 있는 오목한 작은 홈. 딤플이 있기에 볼이 안정되게 높이 날아간다. 뜻은 '보조개'.

라이
볼이 멈춘 지점 주변의 잔디밭 및 지형의 상황·상태. 볼을 치기 쉬울 때는 '라이가 좋다'와 같이 표현한다.

러닝 어프로치
볼을 굴려 핀 옆까지 가져가는 어프로치 기술. 일반적으로는 잔디가 짧은 곳은 퍼터. 그 이외에서는 미들 아이언(5~7번)을 사용한다.

러프
일반 구역에서 페어웨이 이외의 잔디가 길게 난 구역.

런
볼이 착지하여 굴러가는 것. 굴러서 거리가 늘어났을 때 '런이 발생했다'고 한다.

레귤러 티
하얀 티. 일반 남성용의 티잉 구역. 18홀의 토털 거리가 약 6,000야드의 설정이다. 레이디스티는 약 5,400야드의 설정이다(→P18, 34~35).

레디 골프
안전이 확보될 수 있다면 시간 절약을 위해 플레이 순서를 바꿔 준비된 사람부터 플레이하는 것이 권장되게 됐다(→P24).

로스트볼
분실구의 페이지를 참조. 중고볼이라는 의미로 사용될 때도 있다.

로컬룰
본 규칙과는 별도로 골프장 및 코스마다 정해진 룰. 로컬룰은 본 규칙에 우선한다.

로프트각
클럽 페이스의 경사각도. 샤프트를 수직으로 세웠을 때 클럽헤드의 타구 면(클럽 페이스)이 수직에 대하여 기울어진 정도다. 각도가 클수록 타구는 높게 올라가고 각도가 작을수록 탄도는 낮아진다.

롱홀
기준 타수(파)가 5인 홀. 남자의 경우, 431미터 이상의 홀. 여자의 경우, 367~526미터의 홀. 해외에서는 '파5 홀'이라고 한다.

루스 임페디먼트
코스 내에 있는 작은 가지, 작은 돌멩이, 낙엽, 벌레 등의 자연물 중 땅에 고정되지 않은 것(→P67, 76~77, 110~111, 115.143).

리플레이스
볼을 원위치로 두는 것(→P65~71, 91, 142~143).

링크스 코스
일반적으로 해안에 가깝고 초원 상태의 코스를 말

한다. 자연 지형을 그대로 살린 골프 본래의 코스라 할 수 있다. 잉글랜드 및 스코틀랜드에 많다. 페어웨이에 마운드 및 팟벙커가 존재한다. 바람이나 비, 기온 등 자연의 영향을 받기 쉬운 코스. 세인트앤드루스 올드 코스, 뮤어필드(스코틀랜드), 로열 리버풀(잉글랜드), 가와나 호텔(일본) 등이 유명하다.

마스터즈 골프 토너먼트
세계 4대 메이저 대회 중 하나로 바비 존스(1902~1971)가 창설한 미국 조지아주의 오거스타 내셔널 골프 클럽에서 열린다. 매년 4월 2번째 주 주말, 전년도의 각 대회 상금 랭킹 상위자 및 메이저 타이틀 우승자 등이 모이는 골프의 축제.

마커
스트로크 플레이에서 플레이어의 스코어를 기록하는 사람. 일반적으로는 같은 팀 동료가 마커가 되고 같은 팀 플레이어의 스코어를 스코어 카드에 기입·증명한다(→P33~35).

마크하다
그린 위 등 볼을 주울 필요가 있을 때 볼이 있던 위치를 표시하는 것. 코인 등 표식에 사용되는 것을 '볼 마커'라고 한다(→P68~71, 89, 144~145, 148).

매치 플레이
홀마다 승부를 정하는 경기방식. 싱글/ 1대1로 겨루기. 쓰리썸/ 1대2로 겨루기. 양 사이드 각 하나의 볼을 사용한다. 포어썸/ 2대2로 겨루기. 양 사이드 각 하나씩 볼을 사용한다. 쓰리 볼/ 3인이 서로 대항하며 각각 자신의 볼을 사용한다. 베스트 볼/ 1대2 중 좋은 스코어(또는 3인 중 가장 좋은 스코어)로 겨룬다. 포어볼/ 2명 중 좋은 스코어와 다른 2명 중 좋은 스코어로 겨룬다.

미들홀
기준 타수(파)가 4인 홀. 남자는 230~430미터. 여자의 경우, 193~366미터의 홀. 해외에서는 '파4홀'이라고 한다.

배피
4번 우드. 스코틀랜드어의 '두드리다'라는 의미의 'Baff'가 어원.

백스윙
클럽을 뒤로 끌어올리는 움직임(→P46, 115).

백스핀
볼이 날아가는 방향과 반대로 회전하는 것.

버디
기준 타수보다 1타 적은 스코어로 컵인 하는 것. 예를 들어, 파4 홀에서는 3타로 컵인 한 경우를 말한다.

벙커
코스 구역의 하나로 모래를 넣어 만든 움푹 팬 땅 (→P17, 109).

벙커샷
볼을 벙커에서 치는 샷. 모래와 볼을 함께 쳐낸다. 영국에서는 익스플로전(폭발) 샷이라고도 한다.

베어 그라운드
잔디 등이 나지 않은 곳. 베어(Bare)는 영어로 '벌거벗은', '노출하는' 등의 의미.

벤트 그린

벤트그래스가 사용된 그린. 벤트그래스는 많은 품종이 있는데 모두 겨울에도 발육하여 녹색을 유지한다.

보기
파보다도 1타 많은 타수로 그 홀을 끝낼 수 있는 것.

볼
골프공의 규격은 직경 4.26cm보다 크고 45.92g보다 가볍다.

볼 마크
볼이 그린에 떨어졌을 때 그린에 생기는 패인 자국 및 흔적. 볼 마크는 언제든 손볼 수 있다.

분실구
볼이 없어지는 것. 볼이 러프나 숲으로 들어가 3분 이내 발견되지 않았을 때, 볼이 자기 것이라고 식별할 수 없을 때는 '분실구'가 된다(→P58~60, 105~107).

블라인드 홀
티잉 구역에서 그린 및 코스의 끝이 보이지 않는 홀.

비기너
초보자. 다음 단계를 '애버리지 골퍼'라고 하는데 초보자와의 구분은 명확하지 않다.

비지터
회원제 코스에서 회원 소개 등으로 플레이하는 회원 이외의 사람. '게스트'라고도 한다(→P28).

빨간 페널티 구역
빨간 말뚝 및 선으로 표시되었으며 볼이 가로지른 지점에서 2클럽 길이의 구제를 받을 수 있는 구역(→P16~17, 79, 129, 131~135).

사이드 스핀
볼이 옆으로 회전하는 것. 이 회전이 있어서 슬라이스나 훅이 발생한다.

샌드 웨지
진 사라젠이 고안한 벙커 전용 아이언 클럽. 벙커에서 탈출하기 쉽게 하려고 솔을 두껍게 하고 페이스 뒷면(바운스)을 다른 웨지에 비해 더 뭉툭하게 하여 로프트 각을 크게 한 것.

섕크
숏일 때 클럽 헤드와 샤프트의 접합 부분(호젤)에 볼이 맞아 볼이 기세 좋게 오른쪽으로 날아가는 것.

샤프트
클럽의 무늬 부분(→P175).

서든데스
규정 홀에서 승부가 정해지지 않은 경우, 1홀마다 승부가 날 때까지 플레이하는 방법. '서든데스(Sudden-death)'는 '돌연사'라는 의미다.

서브 그린
목적 외 그린. 그린이 2개 있는 코스에서 사용되지 않고 있는 그린 및 연습 그린을 말한다. 규정상 일반 구역이 된다.

서비스 홀
거리가 짧고 파를 하기 쉬운 홀. '이지 홀'이 정확한 표현이다.

솔
클럽 헤드의 밑바닥 부분. 볼을 치기 위해 클럽을 땅에 대는 것을 '솔하다'. 정확하게는 '그라운드다'라고 한다.

숏게임
풀스윙을 하지 않는 그린 주변의 어프로치나 하프 스윙 샷.

숏컷
도그렉 홀 등에서 나무 위 등을 넘어 질러갈 수 있는 전략.

숏홀
파3의 홀. 여자는 193미터 미만, 남자는 230미터 미만. 영미권에서는 '파3 홀'이라고 한다.

수리지
코스 내 수리 중의 구역. 일반적으로 파란 말뚝 또는 흰 선으로 둘러 표시한다. 표시가 없어도 그린키퍼가 만든 구멍이나 이동 목적으로, 일시적으로 놓인 물건이 있는 구역도 수리지로 본다(→P18~19, 93~94).

스루 플레이
프론트 나인(아웃)을 플레이한 뒤 식사나 휴식 시간 없이 이어서 백 나인(인)을 플레이하는 것. 줄여서 '스루로 돈다'라고 하기도 한다. 해외에서는 이게 일반적인 플레이 방법이다.

스웨이
스윙할 때 허리 위치가 좌우로 움직이는 것.

스위트 스폿
클럽헤드의 중심점. 볼이 가장 잘 날아가는 부분. '심'이라고도 한다(→175).

스윙
볼을 치기 위해 클럽을 휘두르는 움직임. 일련의 스윙 흐름은 다음 요소로 구성된다. 《백스윙→탑에서 전환→다운스윙→임팩트→팔로우 스루→피니시》

스카이볼
클럽헤드 위에 맞아 볼이 높이 올라가 버린 미스 샷. 주로 티샷 등 우드 클럽으로 쳐올린 경우에 생길 때가 많다.

스탠스
볼에 스트로크를 할 때 발과 몸의 위치(→64~66, 116, 118).

스트로크
볼을 치는 의사를 갖고 클럽을 앞으로 움직이는 것. 빈 스윙시 칠 의사가 있는 경우에는 스트로크한다. 연습 스윙이 볼에 맞은 경우에는 스트로크 하지 않는다(→44~46, 64, 100, 119).

스트로크 플레이
정해진 코스의 총 타수(그로스 스코어)나 총 타수에서 핸디캡을 제한 수(넷 스코어)로 승부를 정하는 게임. 가장 적은 스코어의 사람이 우승이다.

스파이크 마크
신발을 끌며 걸어 생긴 그린 위의 흔적. 볼마크 등과 함께 플레이 전에 복원할 수 있다(→P141).

스푼
3번 우드. 숟가락의 의미로 옛날의 우드는 중앙이 움푹하여 러프 등 빠진 볼을 퍼내기 위해 사용됐다.

슬라이스
우타의 경우, 샷 한 볼이 도중에 오른쪽으로 크게 휘는 것. 초보자에게 많다. 바나나 형태로 궤도가 닮아 있어 '바나나 볼'이라고도 불린다.

신페리오 방식
플레이 뒤 핸디캡을 산출하는 방법 중 하나. 임의로 12개 홀을 사전에 발표하지 않는 '숨긴 홀'로 하고 그 홀의 결과를 바탕으로 핸디를 산출한다. '페리오 방식'은 '숨긴 홀'을 6으로 하는 것.

싱글
핸디캡이 1~9까지의 한자리인 사람. '싱글 플레이어'라고도 말한다.

아웃
18홀 중 전반 9홀을 말한다. 예전 잉글랜드의 해안가 코스는 전반 9홀이 클럽 하우스에서 멀어지고, 후반 9홀은 U턴해서 돌아오는 것과 같은 설계였다. 그 영향으로 전반을 '아웃(Going Out의 약어)', 후반을 '인(Coming In의 약어)'으로 부르게 됐다. 미국에서는 프론트 나인(아웃), 백 나인(인)이라고 한다.

아이언
클럽 헤드가 금속 블레이드로 만들어진 클럽. 목표를 확실히 노릴 때 사용한다. 일반적으로 3~9번과 PW(피칭 웨지), SW(샌드 웨지)로 총 9개다. (최근에는 1, 2번이 없이) 3~4번을 롱 아이언(장거리용), 5~7번을 미들 아이언(중거리용), 8~9번을 숏 아이언(단거리용)이라고 한다(→P175 일러스트).

아웃오브바운즈
OB를 의미하며 하얀 말뚝 및 하얀 선으로 구획이 구분된 플레이가 허용되지 않는 구역을 말한다. 볼이 이 구역에 들어오면 1벌타가 부과되고 이전 타구 지점에서 다시 치기 등을 하게 된다(→P17, 39, 41, 48~49, 59, 74, 78~79, 101 등).

알바트로스
기준 타수보다 3타 적은 타수로 홀아웃을 하는 것. 본래 뜻은 '신천옹'이라는 새다. 같은 의미로 '더블 이글', '골든 이글'이라고도 한다.

앵커링
클럽 및 그립을 쥐는 손을 자신의 몸 어딘가에 고정한 플레이를 말하며 금지된다.

앨리슨 벙커
깊고 턱이 돌출된 벙커. 영국의 코스 설계자 찰스 앨리슨이 만든 벙커로 앨리슨이 설계한 가와나(川奈) 호텔의 10번 파3(143야드)은 그린이 5개인 앨리슨 벙커로 둘러싸여 있다.

야디지
야드(Yard)의 단위로 표시한 코스 및 홀 등의 거리를 말한다. 골프에서는 거리 단위로 야드가 일반적으로 사용된다. 1야드는 약 0.914미터.

야디지 말뚝
그린까지의 거리 목표 지점이 되는 말뚝 및 수목. 야드 말뚝. 일반적으로 100야드, 150야드, 200야드 등의 단위로 설치된다.

어게인스트
앞쪽에서 불어오는 바람을 말한다. 올바르게는 'Head Wind'라고 한다.

어드바이스
플레이 중 클럽의 선택, 치는 법이나 플레이 방법에 영향을 주는 듯한 조언이다. 이는 자신의 캐디에게 받을 수 있지만 이외의 사람에게 받은 경우에는 알려 준 사람도 받은 사람도 2벌타가 된다. 깃대의 위치, 그린까지의 거리나 방향 등 공개 정보에 대해서는 조언을 준 것이 되지 않는다(→P40~41, 124, 150).

어프로치
그린 주변에서 홀을 노리고 치는 샷을 말한다. 피치샷, 피치 앤드 런, 러닝샷 등의 치는 방법이 있다.

언더파
18홀의 표준 타수(파72)보다 적은 스코어로 홀아웃하는 것.

언듈레이션
경사나 코스의 기복. 그린 및 페어웨이가 파도 모양과 같은 굴곡으로 The Open이 열리는 세인트앤드루스 올드 코스의 페어웨이가 유명하다.

언플레이어블
볼이 나무뿌리 및 깊은 숲에 있는 등 플레이가 그대로 계속될 수 없는 상태일 때 언플레이어블을 선언함으로써 1벌타를 더한 다음 플레이를 계속할 수 있는 구제 조치(→P52~53, 96~97, 105, 124~125).

업다운
페어웨이의 기복을 말한다. 미국 골프 속어로는 볼을 홀에 붙인 후 퍼팅 한 번으로 마무리하는 것.

에이지 슛
자신의 나이와 같거나 적은 스코어로 18홀을 라운드하는 것. 모든 골퍼의 꿈이기도 하다. 세계 프로 경기에서 최연소 기록은 59세(스코어 57/ 기네스북).

에이프런
그린 주변의 페어웨이보다 잔디가 적고 짧게 다듬어져 있는 부분.

에티켓
플레이할 때 최소한 지켜야 하는 예의(→P21~31).

엣지
그린 및 벙커의 잔디를 말한다. 클럽 페이스와 솔과의 접점을 말하기도 한다.

오구
자신의 볼이 아닌 볼 또는 이미 인플레이가 아니게 된 볼을 친 것. 스트로크 플레이에서는 2벌타를 받고 다시 칠 수 있다. 매치 플레이의 경우 이 홀은 패배가 된다(→60, 101, 160).

오너
티에서 먼저 플레이할 수 있는 권리. 원래는 먼저 치는 명예(Honour)라는 의미로 이용됐다. 2홀째부터는 타순은 전 홀의 스코어가 좋은 순서대로 타순이 정해진다. 'Owner=오너=주인'으로 잘못 생각하지 않도록.

오버스윙
탑스윙 시에 필요 이상으로 클럽을 높이는 것. 왼쪽 팔꿈치의 굽힘 등의 원인으로 발생하기 쉽다. 비기너나 여성들에게 많다.

오케이
매치 플레이로 상대가 홀아웃 하기 전에 그 홀의 패배를 인정하고 다음 스트로크에서 홀아웃하는 것으로 다음 퍼팅을 면제하는 것. 정확하게는 '컨시드'라고 한다.

오픈 스탠스
양발의 발끝을 잇는 선이 비구선(飛球線)보다 왼쪽으로 열린 스탠스. 오른발이 앞으로 나오고 하반신이 목표를 향한다. 반의어는 '클로즈 스탠스'.

온
볼이 그린에 올라간 것을 말한다. 그린에 오르기까지의 타수로 '원온', '투온' 등으로 부른다. '나이스 온'은 정확하게는 'You are on the green.'.

외부의 영향
플레이어의 볼이나 용구, 코스에서의 플레이에 영향을 미치는 (플레이어와 캐디를 제외한) 모든 사람, 동물, 자연물 및 인공물, 움직이고 있는 다른 볼. 단, 자연의 힘은 제외(→74).

용구
플레이어나 캐디가 사용하는 물건. 몸에 지니거나 손에 들어 운반하는 것(→P54~56).

우드
드라이버 및 스푼 등 헤드가 큰 클럽. 지금과 같이 메탈 우드가 사용되기 전까지는 감나무(퍼시몬)로 만들어졌기에 지금도 '우드'라고 불리고 있다. 번호와 호칭은 다음과 같다. 1번 : 드라이버, 2번 : 브래시, 3번 : 스푼, 4번 : 배피, 5번 : 크리크

웨지
헤드가 크고 로프트 각도 크고 짧은 거리용의 아이언 클럽. 어프로치에 사용하는 피칭 웨지, 어프로치 웨지와 벙커용의 샌드 웨지가 있다.

위닝 샷
승리를 결정하는 마지막 퍼팅. 토너먼트에서는 최종 퍼팅 전에 우승이 결정된 경우에도 짧은 최종 퍼팅을 마크하고 마지막으로 홀아웃한다.

이글
기준 타수보다 2타 적은 스코어로 홀아웃하는 것. 파3 홀의 경우는 홀인원. 어원은 'Eagle(독수리)'.

이븐파
스트로크 플레이에서 해당 코스의 기준 타수와 동일한 스코어인 것. 일반적으로 72타.

인터로킹 그립
그립이 흔들리지 않도록 오른손의 새끼손가락과 왼손의 검지가 서로 결합하도록 잡는 방법이다. 비기너 및 힘이 약한 사람을 위한 그립이었지만 타이거 우즈도 이 그립이다.

인텐셔널
슬라이스나 훅 등을 의도적으로 치는 것.

인플레이
티샷을 한 다음 그 홀을 홀아웃하기까지의 것. 이 사이에 볼을 만지거나 움직이거나 하면 룰로 허용되는 경우를 제외하고는 룰 위반으로 1벌타가 부과된다.

일반 구역
코스의 모든 것을 커버하는 (아래 4가지 구역을 제외한) 구역. ① 티잉 구역, ② 벙커, ③ 페널티 구역, ④ 퍼팅 그린(→16, 57).

일반 페널티
스트로크 플레이에서는 2벌타(→P65).

일시적으로 고인 물
지면에 일시적으로 고인 물웅덩이. 페널티 구역의 연못 및 강은 포함되지 않는다(→P92, 94, 126, 158).

임간 코스
홀과 홀 사이가 숲으로 구분된 코스. 평지로 전통 있는 코스에 많다.

임팩트
클럽 헤드가 볼에 닿는 순간.

자연의 힘
바람, 물, 중력 등의 영향으로 발생하는 힘(→64, 74).

잠정구
숏 후의 볼이 OB나 로스트볼인 경우, 잠정적으로 칠 수 있는 공. 볼이 발견되지 않았을 때, 이전 타구 지점에 돌아가는 시간 로스를 해결하는 것이 목적으로 영어로 '프로비저널 볼'이라고 한다

(→P50~51, 58).

장척 드라이버
드라이버의 샤프트는 일반적으로 44~45인치지만 이보다 긴 드라이버를 말한다. 단, 규정에서는 길이는 46인치 이내, 헤드 용량은 460cc 이내로 정해져 있다.

장척 퍼터
2그립의 롱 퍼터. 퍼터의 일부를 몸에 접촉시키고 지지 점으로 하여 치는 앵커링은 금지한다. 퍼터의 사용은 가능하다.

재드롭
구제 구역에 드롭했지만 구역 바깥으로 구르거나 도중에 물건에 맞은 경우에는 재드롭 한다. 재드롭하고 같은 상황이라면 재드롭의 볼이 땅에 최초로 닿은 지점에 플레이스 한다(→P86~91).

측면 구제
볼이 가로지른 지점에서 2클럽 길이 이내에 드롭할 수 있는 구제(→P97, 129).

칩샷
웨지나 숏 아이언으로 굴리는 어프로치샷.

칩인
어프로치샷이 직접 컵에 들어가는 것.

캐디
플레이 사이에 플레이어의 클럽을 운반하거나 플레이에 조언을 주는 사람. 플레이어는 이 캐디에게만 조언을 받을 수 있다.

캐리
샷을 한 공이 날아가 바닥에 떨어질 때까지의 거리. '캐리로 몇 야드' 등과 같이 쓴다.

컵
그린 위에 뚫려 있는 구멍. 정확하게는 '홀'이라고 한다.

컵인
볼이 컵에 들어가 완전히 정지한 상태. '홀아웃'이 정확하다.

코스 레이팅
골프장 코스의 난이도를 표시한 것. 파(72)보다 숫자가 크면 난이도가 높고 작으면 난이도는 낮다. 핸디캡을 정할 때 사용된다.

코스 레코드
그 코스의 최소 타수의 공식 기록을 말한다.

크리크(개울)
코스 안을 흐르는 작은 개울. 볼이 여기에 떨어졌다면 페널티 구역 취급이 된다. 5번 우드의 별명도 같은 크리크.

클럽
볼을 치는 도구. 골프장과 골프 코스를 지칭하여 말하는 경우도 있다.

클럽 길이
퍼터 이외의 가장 긴 클럽으로, 일반적으로는 드라이버의 길이. 구제를 받을 때 구제 구역 사이즈를 측정하는 데 사용한다(→P80, 89).

클럽 헤드
골프 클럽의 샤프트 끝에 달린 볼을 치는 부분. 소재, 사이즈 등 여러 종류의 것이 있다.

클레임
룰 위반을 했다고 생각되는 플레이어에게 이를 주장하는 것.

클로즈 스탠스
양발 발끝을 잇는 직선이 비구선과 크로스하는 스탠스. 왼발이 앞으로 나오고 하반신이 목표의 반대쪽을 향한다. 훅을 칠 때 사용한다. 반의어는 '오픈 스탠스'.

타이
동일한 스코어. '2T'는 공동 2위.

탑
볼의 머리를 치는 미스샷

탑인
홀 가까이 멈춘 볼을 퍼터로 가볍게 쳐서 홀아웃 시키는 것.

터프
잔디떼나 잔디밥. 디봇과 동일한 의미로 떼어진 잔디밭을 말하는 경우도 있다. 이 경우에는 '더프를 치우다'라고 말한다.

토
클럽 페이스의 가장 앞쪽. '발끝'이라는 의미. 반의어는 '힐(발꿈치)'(→P175).

트리플보기
기준 타수보다 3타 많은 스코어로 홀아웃하는 것. 초보자는 이 스코어를 목표로 하면 좋다.

티
티샷할 때 사용되는 공을 올려 두는 전용 받침대. 길이는 4인치(101.6mm) 이내.

티 마커
이곳이 티잉 구역이라는 것을 알 수 있는 표시물로 전원이 최초 스트로크를 하기까지는 움직이는 것은 안 되지만 제2타 이후에는 움직일 수 있는 장해물이 된다(→P38).

티샷
티잉 구역에서 치는 그 홀의 제1타.

티업
홀의 1타째에서 볼을 티에 올리는 것. 티잉 구역에서 1타째 샷만 허용된다. 정확하게는 '티잉'이라고 한다(→42~46).

티오프
골프에서 제1타를 치는 것. 플레이를 개시하는 것. 골프에서는 '스타트하다'라고 말하지 않고 '티오프하다'라고 한다.

티잉 구역
전방 2개의 티 마커와 후방 2클럽 길이의 직사각형 구역. 여기서 그 홀의 제1타를 치면 그 볼은 인플레이가 된다(→16, 38).

파(Par)
홀의 기준 타수. 라틴어로 '동등함'을 말하는 의미. 기준 타수는 홀의 거리 등에 따라 파3 홀, 파4 홀, 파5 홀로 되어 있다.

파온
그 홀의 기준 타수보다 2타 적은 스코어로 그린에 올리는 것.

팔로우 스루
임팩트 뒤, 피니시까지의 동작을 말한다(→P46).

팔로우 윈드
순풍, 볼이 가는 방향으로 부는 바람. 영어로는 'Tail Wind'가 사용된다. 반의어는 '헤드 윈드'.

팟벙커
잉글랜드나 스코틀랜드 코스에 주로 보이는 작고 깊은 벙커.

패스
뒤 팀을 먼저 보내는 것. 앞 팀과의 간격이 1홀 이상 차이가 나 뒤 팀을 기다리게 할 때는 뒤 팀을 패스시키자.

퍼트
그린 위에서 퍼터로 볼을 굴려 치는 것. 퍼터에 의한 타수의 단위를 가리키는 경우도 있다. '드라이버도 1타, 퍼트도 1타'는 한 타의 중요함을 말한다.

페널티
규칙을 위반했을 때 받는 '벌타'.

페널티 구역
플레이어의 볼이 여기에 들어가면 1벌타로 구제되는 구역. 연못이나 강, 바다 등 물이 있는 곳뿐만 아니라 사막, 정글, 용암지, 절벽 및 숲 등의 구역에 포함되어 있다. 노란색 및 빨간색 말뚝이나 선으로 표시된다(→P16, 18~19, 127).

페어웨이
티잉 구역과 그린 사이에서 잔디가 짧게 깎인 부분. 페어웨이를 따라 플레이하는 것이 바람직하다.

페어웨이 벙커
페어웨이에 있는 벙커. 크로스 벙커라 하면 해외에서는 통하지 않는다. 그린을 둘러싸듯 있는 벙커를 그린 사이드 벙커라고 한다.

페이드볼
볼이 낙하할 때 살짝 오른쪽으로 휘는 샷. '페이드'란 '쇠퇴하다, 꽃이 시들다' 등의 의미. 반의어는 '드로볼'.

포어
타구 사고를 방지하기 위해 앞의 플레이어에게 경고하는 소리. 'Fore'란, '앞의, 전방의'라는 의미. '포어'라고 발음한다.

푸쉬 아웃
볼이 똑바로 오른쪽으로 뻗어 나가는 듯한 샷.

풀샷
미스샷으로 목표보다도 왼쪽으로 볼이 뻗어 나가는 것.

풀셋
드라이버부터 퍼터까지 여러 가지 조합된 14개의 클럽 세트. 규정에서는 캐디백에 넣을 수 있는 클럽은 14개 이내로 되어 있다(→P47).

풀스윙
전력을 다해 클럽을 휘두르는 것

프라이드 에그
벙커에 낙하한 볼이 절반 모래에 파묻혀 마치 날달걀을 프라이팬에 막 깨 올린 듯한 모양인 것.

플레이 선
플레이어가 친 볼이 갔으면 하는 (지면 및 공중의) 선. 2개의 점을 잇는 직선 또는 곡선으로 양측에 약간의 폭을 갖는다(→P141).

플레이스
규칙에 따라 볼을 두는 것. 볼을 원위치로 두는 경우는 리플레이스라고 한다(→P71)

피치 마크
그린 및 페어웨이에 공이 떨어지면서 만든 패인 자국. 같은 의미로 '볼 마크'라고도 한다(→P98).

피치 앤드 런
볼을 짧게 띄운 뒤 그린 위에서 굴려 핀에 가까이 붙이는 샷.

핀
그린 위의 홀에 세워진 깃대. 바람이 강한 영국 코스에서는 짧은 핀이 많다.

하프
18홀 중 인 또는 아웃의 9홀. 매치 플레이의 동점을 지칭하는 경우도 있다.

핸드퍼스트
스탠스를 취할 때 그립이 볼보다도 앞(목표 방향)으로 나간 자세.

핸디캡
기량이 다른 플레이어끼리 공평하게 플레이하기 위한 기준 포인트. 통칭하여 핸디.

헤드
클럽헤드를 말한다. 골프 클럽의 끝, 볼과 맞는 부분.

헤드 스피드
임팩트(볼을 치는 순간) 직전의 클럽 헤드의 속도. 헤드 스피드가 빠르면 비거리가 나온다.

헤드 업
임팩트할 때 머리가 올라가 눈이 볼을 끝까지 못 본 상태. 해외에서는 '룩 업'이라고 하여 미스샷의 원인이 된다.

홀
그린에 뚫려 있는 구멍. 직경 108mm, 깊이는 약 101mm. 볼의 일부가 홀의 그린보다 아래에 들어갔을 때 '홀에 들어갔다'라고 한다. 또는 티 구역에서 그린까지를 말하며 'O번 홀'과 같이 사용된다 (→P19, 152, 157).

홀아웃
홀에 볼을 넣고 그 홀을 종료하는 것. 18홀이 끝났을 때도 사용된다(→P153, 157, 160).

훅
샷을 한 볼의 궤도가 도중에 왼쪽으로 크게 휘어가는 것. 반의어는 슬라이스.

6인치 플레이스
잔디의 양생이나 코스 정비, 또는 프라이빗한 골프 대회에서 볼을 6인치(약 15cm) 움직이는 것을 허용하는 코스가 정한 로컬룰을 말한다.

R&A
R&A Rules Limited. 미국골프협회(USGA)와 공동으로 골프 규정(제정, 변경, 해석, 적용의 모든 것)을 관할하고 있다.

USGA
전미골프협회. 영국의 R&A와 함께 골프 룰을 관할한다. GA는 Golf Association의 대문자.

드라이버 용어 해설

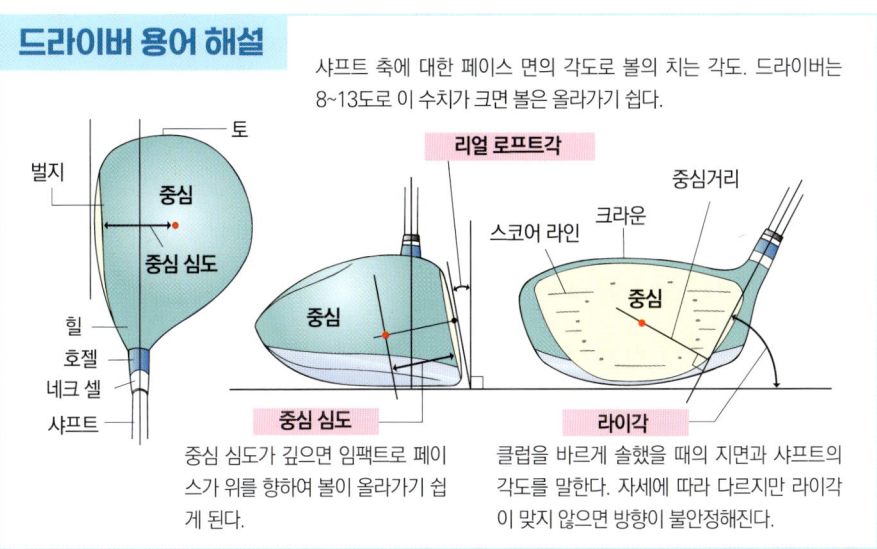

샤프트 축에 대한 페이스 면의 각도로 볼의 치는 각도. 드라이버는 8~13도로 이 수치가 크면 볼은 올라가기 쉽다.

중심 심도가 깊으면 임팩트로 페이스가 위를 향하여 볼이 올라가기 쉽게 된다.

클럽을 바르게 솔했을 때의 지면과 샤프트의 각도를 말한다. 자세에 따라 다르지만 라이각이 맞지 않으면 방향이 불안정해진다.

아이언 용어 해설

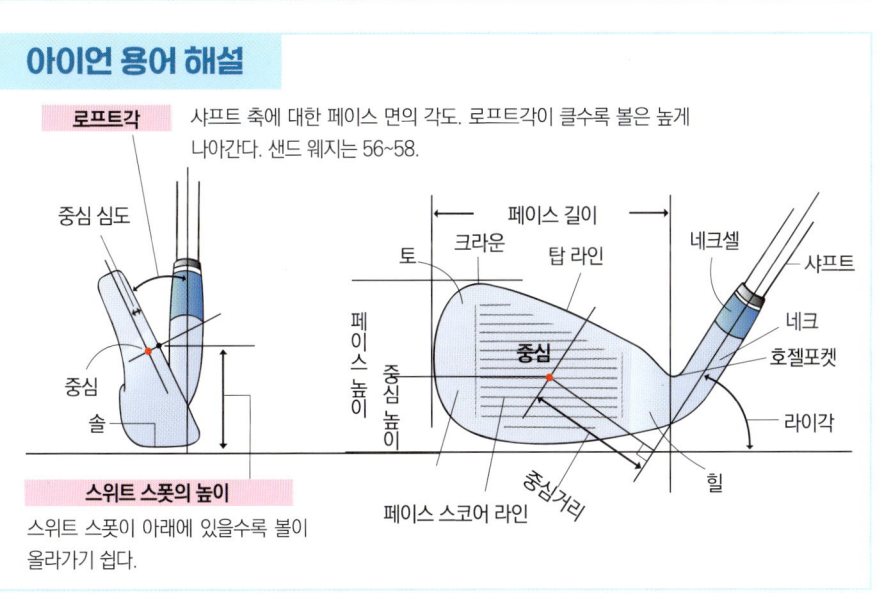

샤프트 축에 대한 페이스 면의 각도. 로프트각이 클수록 볼은 높게 나아간다. 샌드 웨지는 56~58.

스위트 스폿이 아래에 있을수록 볼이 올라가기 쉽다.

저자 **코야마 콘** 小山 混

일러스트레이터이면서 골프 룰 연구가이다. 도쿄 출생으로 릿쿄대학을 졸업했다. 취미는 수영, 캠프, 도예 등이 있다. 따뜻한 만화 감성의 일러스트가 특기로 『월간 골프다이제스트』, 『스포츠 소식』, 『건강』 등 신문·잡지·Web에 일러스트를 기고하였고, 『월간 겐다이』, 『주간 골프다이제스트』에서는 골프 룰 해설을 담당하고 있다. 골프는 가누마CC의 월례 경기회에 엔트리. HDCP은 17. 저서로는 『최신판 알기 쉬운 골프 룰』, 『New! 가장 신나는 레크리에이션 게임』, 『뇌가 활발해지는 손 놀이, 손가락 놀이』(슈후노토모사), 『영어와 골프-일석이조』(골프다이제스트사)가 있다.

- **홈페이지** 코야마 콘의 일러스트골프학원
- **참고문헌**
  (공익재단)일본골프협회『골프규칙』,『골프규칙의 오피셜가이드』(2023년 1월 시행)
  R&A·USGA『Rules of Golr / Effective January 2023』
  『월간 골프다이제스트』,『주간 골프다이제스트』골프다이제스트사
  『스포츠 소식』호지신문사
  나츠사카 켄著『골프의 달인』니혼게이자이신문사

옮긴이 **류지현**

고려대학교를 졸업하고 이화여자대학교 통번역대학원 한일과 석사학위 취득 후, 현재 한일국제회의 통번역사로 활발히 활동하고 있다. 번역 에이전시 엔터스코리아에서 출판 기획자, 일본어 전문 번역가로도 활동하고 있다. 역서로는『더 레고 스토리』,『첫 주식은 피터 린치처럼』,『골프는 기본이 전부』등이 있다.

초판 인쇄일 2025년 8월 11일   초판 발행일 2025년 8월 18일
지은이 코야마 콘(小山 混)   옮긴이 류지현
발행인 박정모   등록번호 제9-295호
발행처 도서출판 혜지원 주소 (10881) 경기도 파주시 회동길 445-4(문발동 638) 302호
전화 031)955-9221~5 팩스 031)955-9220
홈페이지 www.hyejiwon.co.kr

기획·진행 박혜지   디자인 김보리   영업마케팅 김준범, 서지영
ISBN 979-11-6764-089-5   정가 17,000원

はじめてのゴルフルール
© Kon Koyama 2023
Originally published in Japan by Shufunotomo Co., Ltd.
Translation rights arranged with Shufunotomo Co., Ltd.
Through Danny Hong Agency.

이 책의 한국어판 저작권은 대니홍 에이전시를 통한 저작권사와의 독점 계약으로 도서출판 혜지원에 있습니다.
저작권법에 의해 한국 내에서 보호를 받는 저작물이므로 무단전재와 복제를 금합니다.